직접 쓰고

소리내어 읽고

서로 나누고

어쩌다사춘기 에세이 모음집

마음의 민낯

여섯 번째

축하의 글

마음의 위안(慰安)이 되는 「마음의 민낯」

생존주의 시대를 살아가는 청년들의 삶이 더욱 팍팍해지고 있는 오늘날,

함께 마을의 작은 서점에 이웃과 모여 책 읽는 인문 공동체를 꾸려간다는 것이 녹록하지 않은 일임에도 벌써 여섯 번째 에세이집 출간으로 이어지고 있다는 사실이 그저 경이로울 따름입니다.

'생존'을 위해 '권리'를 포기하기 쉬운 다중 복합 위기 사회를 마주하고 있는 우리의 마음과 정신이 빈곤해지지 않도록 읽고, 쓰고, 나누며, '삶을 위한 앎, 앎을 위한 삶'을 실천으로 보여주고 있음이 너무도 귀하게 다가옵니다.

우리 내면의 세계를 끊임없이 탐구하며 발현시킨 다양한 생각의 물줄기가 〈어쩌다 사춘기〉 인문 공동체에만 머무는 것이 아닌, 민들레 홀씨처럼 훨훨 날아 일상

에 지친 이웃들의 마음을 위로할 수 있도록 「마음의 민낯」에 담긴 따뜻한 문장들이 곳곳에 퍼지게 되길 기대해봅니다.

사과의 씨앗은 셀 수 있지만, 씨앗의 사과는 셀 수 없다는 말처럼, 우리 인문 공동체 〈어쩌다 사춘기〉가 뿌린 마음의 씨앗이 어떻게 발현될지는 아무도 모르지만, 분명한 것은 삶을 위협하는 다양한 위험 속에서 단단한 마음의 근육이 되어 우리의 일상을 지키는데 큰 역할을 할 것이라 믿어 의심치 않습니다.

부디, 자신의 마음을 온전히 마주할 틈조차 줄 수 없는 척박한 삶을 살아가는 많은 이웃들에게 「마음의 민낯」이라는 홀씨가 닿아 마음의 위안(慰安)이 되는 민들레꽃으로 만개하길 바랍니다.

리워크연구소 대표 조은주

차례

축하의 글 … 04

1. 백목단 … 12

부담이 되지 않는 선에서 인정받고 싶습니 … 14
다요레된 기억 하나 돌아보기 … 18
쓸모없는 손 … 21
고도는 오지 않는다 … 24
내 인생 우와 … 28
눈이라도 굴리는 중입니다 … 31
내 인생, 어떻게 살 것인가? … 35
나는 미니멀 라이프의 꿈을 꾸는가? … 38
라떼의 추억 여행 … 41

차례

2. 이아영

세상이 문제야? 45
내가 선택한 자유 48
사랑을 먹고 자라는 바퀴벌레 52
fish는 영어로 56
야금야금 애벌레 탑 내려오기 61
한 스푼 곁들여진 실천 65
안녕하세요, 감사합니다 70
쓰다 77
기댈 곳이 없어도 81
마음이 보인다면 85
세상에 예쁜 것 90
고사리 되기 93
가리지 않고 끝을 맺는 밤 97
제로섬게임이면 다행이겠다 100
104

차례

3. 차희주

잘다려, 생각하는 그 상상을 108
그럴 짓이 너무 많아서 아빠 얼굴을 그리고 110
나니 잠이 드록 말았어요 113
바보가 바보에게 116
생각의 눈 119
예술 그림스도 122
책과 나 125
날아라 슈퍼보드 나는 저팔계 130
말할 수 없는 것들 132

차례

4. 최예은

규칙 없는 우주에 질서 짓기   137
무질서가 충만한 세상   139
언제나 지망생   142
무슨 일 하세요? 그냥 회사원이에요   146
육지의 근심 작정 다 내려놓고   150
신도림역의 무법자   155
  159

차례

5. 태하리정

다시 속을 수밖에 없는 것	164
비가 오는 밤이다	166
유연한 단념이 가까이에 있다	171
쓰고 보니, "관성"	174
그 이름은 sweet pea	177
꼰대들 속에 살기	181
그녀, 거기 잘 지내는지	186
그 여름 롬롬비아가 내게 물어왔다	190
코냐로 물러는 이유	194
꿈같은 건 없을지 모르지	198
가로등의 자세	201
너의 이름은 달님	204
감나무가 있었다	208
	212

차례

6. 한옥구 217
할머니 나무 잘 타 219
스파르타 (약쯤)전사 224
잠깐, 다이블5 오프베타를 한다고? 230
영원한 하루 234
현자들의 도시 240
테버를 꼭 길게 놀러주세요 245
500원의 추억 250
다음 집 준비물 : 혼잣말 상상 254
10월, 수돗물이 차가워지는 달 259
할아버지 무슨 생각 하며 사세요? 263
세상에 중요한 것 267
위 사람은 Suggested of R/O … 270
삼킨 말과 아닌 말 276

1.

작가소개

백록담

  아무것도 하지 않는 삶을 지향했으나, 나는 그렇게 살 수 없다는 것을 받아들인 뒤 그냥 이것저것 해 보는 삶을 살고 있다. 이전과 마찬가지로 회사를 다니고, 시답잖은 이야기를 하는 블로그를 운영하고, 연기를 배우고, 사진을 찍고, 책을 읽고 글을 쓴다. 최근에는 적당히 치는 것을 목표로 기타를 배우고 있다.

부담이 되지 않는 선에서 인정받고 싶습니다

　사람은 누구나 인정을 받고 싶어 한다. 예를 들어, 내 친구 A는 논문이 인정을 받아 빨리 대학원을 졸업하길 원한다. B는 회사에 살다시피 하면서, 자신이 회사에 없어서는 안 되는 사람이라는 것을 동료와 직장 상사에게 인정받고 싶어 한다. '무엇을', '누구에게' 받느냐는 차이만 있을 뿐, 누구든지 인정을 받고자 하는 충동을 가지고 있다.

　나는 어렸을 때부터 가족에게 인정을 받고 싶어 했다. 특히 어머니는 나에게 칭찬을 잘 해주지 않았기 때문에, 인정받기 위해 더 노력을 기울였다. 내가 초등학교에 갓 들어갔을 때, 선생님께 'ㄹ' 글자를 반듯하게 쓴다고 칭찬을 받았다. 다음 날 아침 등교를 하면서 그 이야기를 어머니에게 했지만, 어머니는 '그거 누구나 다 하는 거 아니야?' 하는 표정으로 나를 쳐다보았다. 아직도 나는 그 일을 떠올리면 섭섭한 마음이 들지만, 그런 어머니도 자신의 아버지에게 칭찬을 전혀 듣지 못하고 자랐다는 것을 알게 되면서 어머니를 조금이나마 이해하게 되었다.

아버지도 내 인정욕구의 대상 중 하나였다. 나는 위로 형이 하나 있는데, 아버지가 형에게 못마땅하게 여기는 점을 기억해 뒀다가 반대로 행동했다. 예를 들면 형은 본인의 호불호가 확실하고 가족에 대한 애정 표현이 서툴러 항상 아버지와 부딪히는 부분이 있었다. 그래서 나는 아버지의 의견을 많이 들어주고 '고맙다', '사랑한다'는 말도 자주 했다.

좀 더 큰 뒤에는, 내가 좋아하는 친구들과 선후배들에게, 취업 후에는 직장 동료와 상사에게 인정받기 위해 부단히 노력했다. 그런 노력이 때론 나를 힘들게 한 적도 있다. 너무 많은 사람들에게 인정받기 위해 무리한다든지, 나는 친구들에게 인정받기 위해 노력하는데 그들은 나에게 인정욕구가 없는 모습을 '나를 소중히 여기지 않는다' 여겨 맘이 상한다든지 하는 일도 있었다. 그렇지만 이것을 내 인생 전체로 본다면, '인정욕구' 그 자체가 나에게 손해는 되지 않았다. 인정을 받기 위해 했던 내 행동은 경험이 되고, 내가 기울인 노력은 나의 능력이나 나에 대한 후한 평가로 돌아왔기 때문이다.

지금만 봐도 그렇다. '어떻게 하면 글 읽는 독자들에게 인정받을 수 있는 글을 쓸 수 있을까?'는 욕구가 내게 글을 쓰게끔 독려하고 있다. 물론 이런 인정욕구가 나에게 부담이 될 때도 있지만, 나에게 이런 욕구가 없었다면 나는 글을 대충 쓰고 치웠거나, 아니면 아예 글을 쓰지 않았을 것이다. 요즘에는 '글을 꾸준히 쓰는 사람'으로 기억되고 싶은 나로선 이 욕구가 오히려 고마울 따름이다.

이 외에도 나에겐 많은 인정욕구가 있다. 회사에 가기 전날부터 다시 올라오는 '좋은 동료로 인정받고 싶은 욕구', 이 욕구를 위해선 먼저 출근 전날에 늦게 자면 안 된다. 그리고 최근 공부하고 있는 연기를 위해서는 '좋은 배우로 인정받기 위한 욕구', 이 욕구를 만족시키려면 외워야 할 대본을 성실히 외우고, 발성이나 발음 연습도 부지런히 해야 한다. 이런 여러 욕구가 서로 맞물려 나를 움직이고 있다. 이 욕구를 잘 다스려, 나에게 부담이 되지 않는 선에서 최대한의 인정을 받고 싶다.

참고로 글을 쓰는 지금은 밤 11시가 넘었고, 내일은 출근해야 하므로 '좋은 동료로 인정받고 싶은 욕구'를 위해 잠을 청해야 한다. 모두들 좋은 밤 되시고, 여러분의 인정욕구가 적절히 활용되는 매일이 되시기를 바란다. 지금만 봐도 그렇다. '어떻게 하면 글 읽는 독자들에게 인정받을 수 있는 글을 쓸 수 있을까?'는 욕구가 내게 글을 쓰게끔 독려하고 있다. 물론 이런 인정욕구가 나에게 부담이 될 때도 있지만, 나에게 이런 욕구가 없었다면 나는 글을 대충 쓰고 치웠거나, 아니면 아예 글을 쓰지 않았을 것이다. 요즘에는 '글을 꾸준히 쓰는 사람'으로 기억되고 싶은 나로선 이 욕구가 오히려 고마울 따름이다.

이 외에도 나에겐 많은 인정욕구가 있다. 회사에 가기 전날부터 다시 올라오는 '좋은 동료로 인정받고 싶은 욕구', 이 욕구를 위해선 먼저 출근 전날에 늦게 자면 안 된다. 그리고 최근 공부하고 있는 연기를 위해서는 '좋은 배우로 인정받기 위한 욕구', 이 욕구를 만족시키려면 외워야 할 대본을 성실히 외우고, 발성이나 발음 연습도 부지런히 해야 한다. 이런 여러 욕구가 서로 맞물려 나를 움직이고 있다. 이 욕구를 잘 다스려, 나에게 부담이 되지 않는 선에서 최대한의 인정을 받고 싶다.

참고로 글을 쓰는 지금은 밤 11시가 넘었고, 내일은 출근해야 하므로 '좋은 동료로 인정받고 싶은 욕구'를 위해 잠을 청해야 한다. 모두들 좋은 밤 되시고, 여러분의 인정욕구가 적절히 활용되는 매일이 되시기를 바란다.

오래된 기억 하나 돌아보기

 초등학교 3학년의 어느 날. 나는 여느 때와는 달리 매우 일찍 학교에 도착했다. 교무실에서 반 열쇠를 가지고 온 뒤 문을 열었다. 아무도 없는 심심하고 조용한 교실. 그때 내 머리를 스친 생각 하나. '교실에 숨어 있다가 다음으로 오는 친구를 깜짝 놀래키자!'. 교실 문을 다시 닫아놓고 나는 책상 밑으로 숨었다. 얼마 뒤 반에 들어온 친구에게 성공적으로 깜짝쇼를 하고 난 뒤, 스스로에게 뿌듯함을 느꼈던 기억이 난다. 그다음으로 기억나는 건, 내가 좋아하던 선생님의 화가 난 모습. 당시 우리 반은 교실에서 올챙이를 키우고 있었는데, 올챙이 먹이로 준비해 놓은 계란 노른자가루가 어항에 모두 부어져 있었다. 선생님은 범인을 색출하기 위해 아이들을 하나하나 조사하기 시작했고, 곧 내가 제일 유력한 용의자가 되었다. 내가 학교에 제일 일찍 왔고, 교실 문을 닫아놨었으니까. 선생님은 내가 범인이라고 거의 확신하신 듯했고, 나를 계속 추궁했다. 나는 울면서 범인이 아니라고 선생님께 계속 이야기했던 기억이 난다. 그때 내가 가장 서러웠던 점은, 내가 올챙이 먹이를 만졌는지 아닌지에 대한 기억이 전혀 나지 않았다는 점이었다. 선생님의 계속되는 추궁에도 나는 혐의를 부인했다. 어쨌든 수업은 시작되어야 했고, 조사는 거기서 멈췄다. 그 순간, 나는 혹시라도, '기억은 안 나지만 내가 범인이 아닐까?' 하는 생각을 했다. 그래서 선생님께 가서, '잘 기억은 나지 않지만, 제가 올챙이 밥을 어항에 버린 것 같아요'라고 말했다. 선생님은 그러면 그렇지 하는 표정으로 나를 보았고, 무슨 말을 해 주셨는데, 그 말도 지금은 다 잊어 버렸다. 내가 기억하는 것은, 단지 억울한 감정과, 혹시 내가 범인이 아닐까 하는 의심스러운 생각뿐.

 문득, 오래전 그날의 이야기가 떠올랐다. 내가 기억하는 사건 중 가장 최초의, 자기 생각과 판단을 의심했던 날이다. 딱 그 부분만 사라진 기억, 내가 사고를 친 게 아닐까 하는 불안, 내가 좋아하는 선생님이 나를 미워하지 않기를 바라는 마음, 내가 했는지 아닌지 알지 못하지만 나를 의심하며 선생님께 용서를 구한 나. 이 기억은 특히 내가 어떤 판단을 내릴 때나, '누군가가 나를 미워하지 않을까?' 하는 생각이 들 때면 어김없이 다시 찾아오곤 했다. 마치 학습된 조건반사처럼 말이다.

오늘도 어김없이 이 기억이 떠올랐다. 잊을래야 잊을 수 없는 이야기. 하지만 오늘은 조금 달랐다. 이전에는 당시의 내가 한심하고 부끄럽게 느껴졌다면, 오늘은 왠지 안쓰럽다고 느꼈다. 아무도 자신을 믿어주지 않는 상황에서, 남들이 자신을 미워할까를 먼저 생각하는 아이. 그래서 그 미움을 조금이라도 줄이려고 자신의 판단도 꺾는 그런 아이. 오늘 나눈 책에 따르면, 이 아이는 고아 원형(버림받는다는 느낌)과 이타주의자 원형(타인을 중요하게 여기고 자신을 희생함), 순수주의자 원형(완벽해지기 위해 너무 애를 씀)이 강하고, 방랑자 원형(독립적인 생각과 행동을 추구)이 약했다. 단지 그것뿐이었는데, 나는 이 아이를 너무 부정적으로만 바라보고 있었다.

이렇게 25년간 묵은 오해를 하나 풀었다. 이 외에도 가끔 생각나곤 하는, 스스로가 부끄럽고 한심하게 느껴지는 기억들이 아직 많이 있는데, 그런 생각이 떠오를 때마다 시간을 갖고 찬찬히 들여다보고 분석하는 시간을 가져 보려 한다. 그런 시간을 통해 과거의 나에게 쌓인 앙금을 하나씩 벗겨 나가야겠다.

쓸모 없는 손

옛날, 내가 다니던 교회에서 이런 이야기를 들은 적이 있었다. 어떤 사람이, "하나님, 제가 로또에 당첨되게 해 주세요."하고 매일 밤 간절하게 기도했다. 그는 죽을 때까지 매일 기도 했지만, 로또에 당첨되는 일은 없었다. 그가 죽어 천국에 갔을 때 하나님을 만나게 되었다. 그는 "내가 매일 로또에 당첨되게 해 달라고 기도했음에도, 왜 한 번도 그 기도를 들어주지 않으셨나요?"라고 물었다. 하나님은 이렇게 이야기했다. "로또를 사야 당첨되게 해 주든가 말든가 하지~"

동양의 고사성어에도, 진인사대천명(盡人事待天命)이라는 말이 있다. 큰 일을 앞두고, 자신이 할 수 있는 일을 다 한 뒤에 하늘에 결과를 맡긴다는 말이다. 그 말인 즉슨, 먼저 내가 할 일을 하지 않으면 바랄 것도, 구할 것도 없다는 말이다.

이 책의 제목을 보고 이런 이야기들이 생각났다. 때론 기도하는 손도 필요하지만, 기도만 하는 손은 쓸데가 없다. 뭔가를 이루기 위해서는 작가의 말처럼 책을, 읽고 읽고 또 읽던지, 아니면 뭐든지 손에 잡히는 대로 해 보는 것이 더 유익할 것이다. 유익… 유익… 이런 생각을 할 때면 어김없이 이런 생각이 따라온다. '그렇다면 내는 내 손을 잘라내지 않고, 지켜낼 수 있을까?'

뭔가 이상한 기분이 들어 다시 생각해 보니, 굉장히 우스운 말이었다. 설사 내가 아무것도 안 했기로서니 손까지 잘라야 하나? 왜 나는 어떤 책을 읽어도 자신을 검열하고 평가하는 데 시간을 보낼까? 생각해 보면 나는 항상 내 능력보다 높은 목표를 세워놓고, 그것에 도달하지 못하면(아마추어에게 프로의 기준을 대곤 한다) 의욕을 잃고 자신을 자책하는 일을 되풀이해 왔다. 요즘 제일 많이 하는 말이 '돌이 되었으면 좋겠다'인데, 이 상태로라면 나는 '나는 쓸모없는 돌덩어리야' 하면서 좌절감에 빠져버리고 말 것이다. 아무것도 하지 않기 위해 돌이 되는 것을 선택한 뒤에도 '쓸모없음'을 자책하는 인생. 이 정도면 병이다, 병.

지금 내게 필요한 손은 '기도하는 손'도, '일하는 손'이나 '책을 읽는 손'도 아니다. 그저 아무것도 하지 않아도, 죄책감 따위 느끼지 않는 손이 필요하다. 나를 있는 그대로 인정하는 손을, 하루 종일 아무것도 하지 않아도, "오늘 하루 잘 쉬었다"라고 일기에 적을 수 있는 그런 손을 가지고 싶다.

고도는 오지 않는다

 말라비틀어진 나무 아래 한 남자가 앉아 있다. 그는 얼마 전부터 읽던 '어린 왕자'의 마지막 장을 넘겼다. 책을 덮으며 그는 생각했다. "그래, 나는 왜 어린 왕자를 질투하지? 그건 내 과거에 미련이 남아있기 때문인 것 같아. 과거는 과거이고, 현재를 충실하게 살자." 큰 숨을 한 번 몰아쉰 뒤, 남자는 이제 떠나기 위해 자리에서 일어났다. 일순 남자의 마음은 용기로 차올랐지만, 그것과 꼭 맞는 모양의 불안한 마음이 따라왔다. "책을 한 권만 더 읽고 가자." 남자의 다음 책은 톨스토이의 '사람은 무엇으로 사는가'였다. 남자는 한참을 앉아 그 책을 읽더니 이런 말을 토해냈다. "사람은 사랑으로 사는구나. 사랑이 있다는 것을 믿는다면 나는 무서울 게 없어." 사랑의 힘을 받아 남자는 자리에서 일어났다 하지만, 남자는 자신이 무엇을 사랑하는지 혼란스럽다. "그래, 책을 한 권만 더 읽고 떠나는 거야." 남자는 다른 책을 읽었고, 책을 읽을 때마다 나름의 깨달음 또는 생각이 쌓여 갔다. 하지만 여전히 그곳을 벗어나지는 못했다. 그렇게 남자는 그곳에 있게 되었다.

언제부턴가 남자는 그곳을 떠날 생각을 잊어 버렸다. 아니, 그는 애초에 왜 그곳을 떠나려 했는지조차도 기억할 수 없었다. 단지 그는 책을 읽으며 중얼거리고, 책 한 권을 다 읽으면 일어나서 몸을 잠깐 움찔거리다가 다시 앉아 책을 읽는 행위를 반복했다. 그곳을 지나가는 다른 이들에게 남자의 모습은 마치 누군가를 기다리는 것처럼 보였다. 길을 지나던 몇몇 이들은 그가 기다리는 것이 무엇인지 알아내기 위해 그의 옆에 자리를 잡고 그를 관찰하기 시작했다.

"봐봐. 저 남자는 분명히 누군가를 기다리는 거야." 모자를 쓴 한 사람이 말했다. "그런데 뭘 기다리는 걸까?" 다른 남자가 질문한다. "아까 잠깐 들으니까 무슨 고도 어쩌고 하던데?" "고도? 그게 그 사람 이름인가보다. 아닌 게 아니라 저 사람을 이렇게 오래 기다리게 할 정도면 정말 대단한 사람인가 봐." 그들은 그렇게 그 남자를 바라보며, 그 남자의 기다림에 동참했다.

그러던 어느 날, 그 남자는 말도 없이 사라졌다. 남은 사람들은 '그가 고도를 만났다'라고 생각했다. 그 남자가 고도를 만나 어떻게 되었는지는 서로 의견이 분분했지만, 어떤 이는 고도를 만나 하늘로 올라갔다고 했고, 또 어떤 이는 고도가 그 남자에게 억만금을 물려주었다고도 했다. 또 어떤 이는 고도가 그를 여기서 멀리 떨어진 나라의 왕으로 세웠다고도 이야기했다. 하지만 그들 중 누구도 그것에 대해 떠들기만 할 뿐 증거는 없었다. 그들의 말에서 유일하게 일치하는 점은 그 남자가 고도에 의해 좋은 것을 얻게 되었다는 것뿐이었다. 이내 그들도 '고도'가 자신들을 찾아와 주기를 바라며 자리를 잡았다. 그들 중 일부는 '그 남자'가 했던, 무의미해 보이는 몸동작이라든지 중얼거림을 따라 하기 시작했다.

그러나 고도는 처음부터 오지 않았고, 또 오지 않을 것이다. 그 남자는 단지 어느 날, 의미 없이 행하던 몸짓을 하던 중 한 발을 내딛게 되었고, 그러면서 오랫동안 잊고 있었던 그의 목적지를 떠올렸다. 남자는 딱 한 발을 내디뎠기 때문에 목적지로 향할 수 있었고, 우연히 그 장면을 아무도 보지 못했던 것뿐이었다.

그렇게 그곳을 떠난 그는 오랜 시간 뒤 그곳을 다시 지나가게 되었다. 그는 그 나무 아래 서 있는 두 남자에게 왜 이런 곳에 서 있는지를 물었다. 두 남자는 일말의 망설임도 없이 '고도를 기다린다'고 말했다. 남자는 지나가면서 이렇게 생각했다. '고도란 것이 얼마나 대단한 것이기에 저 사람들을 이런 황량한 곳에서 기다리게 할까?' 하고 말이다.

내 인생 우와

2023년부터 블로그에 주간 일기를 올리고 있다. 작년에는 개인적인 사정으로 중간에 몇 달을 쉬었지만, 올해는 아직 빼먹지 않고 올리는 중이다. 주간 일기를 올릴 때는, 먼저 한 주의 다이어리를 스캔해서 업로드하고, 그동안 어떻게 살았는지를 주저리주저리 적어 본다. 사람들이 이해하기 좋도록 사진도 같이 올리고, 인터넷에 떠도는 짤도 넣으며 나름 재미지게 써 보고 있다. 처음에는 개인적인 기록을 위해 작성했는데, 어느샌가 내 블로그에서 인기 있는 콘텐츠가 되어 있었다. 그 인기라는 것이, 주로 블로그 광고꾼들의 댓글이나 좋아요 정도이지만 가끔은 진짜로 내 주간 일기를 읽고 글을 써 주시는 분들도 계신다. 나는 내 삶이 한없이 밋밋하다고 느끼는데, 그런 내 이야기에서도 무언가를 얻어가는 분이 있다는 게 신기하다. 개똥도 약에 쓴다더니, 나의 어떤 것이 타인에게 도움이 된다는 것이 기쁘

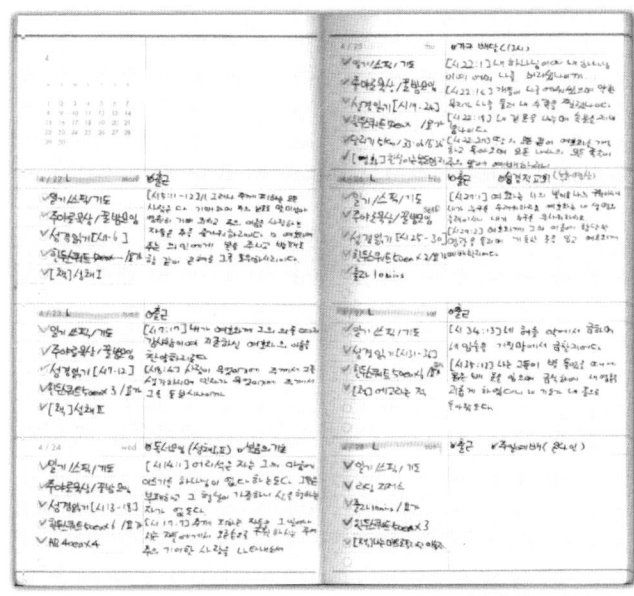

-2024년의 어느 한 주

따름이다.

내 눈에는 특별할 것 없는 한 주이지만, 그래도 꾸준히 적어놓고 보니 그럴듯하다. 거의 매주 1회 이상 달리기도 하고 있고, 1월에 산 영어 회화 앱으로 꾸준히 학습도 하고 있다. 읽은 책이나 본 작품도 꾸준히 쌓여간다. 4월 25일엔 〈찬실이는 복도 많지〉를 봤구먼. 이 영화는 참 아기자기하고, 나중에는 주인공에게 감정이입을 엄청나게 하게 되었다. 4월 22일과 23일에 읽었던 〈성채〉도 재미있게 읽었다. 이건 아버지의 인생 책이었는데 내가 읽어보게 되었고 이걸로 독서 모임도 가졌다. 이렇게 기록을 안 남 놓았으면 한 주를 어떻게 보냈는지 전혀 기억하지 못할 텐데, 뭐라도 남겨 놓으니 다시 보며 괜스레 뿌듯해진다.

옛날부터 나는, 자신을 '한 가지도 끈덕지게 해 내지 못하는 사람'이라고 생각했다. 나는 항상, 뭔가를 하고 싶어서 시도했다가 그만둔 일이 많다. 피아노나 기타를 배울 때도 그랬고, 그림을 그리거나 중국어를 배울 때도 마찬가지였다. 이런 것들이 나에게 편견을 갖게 했다. 그렇지만 이제는 그 꼬리표를 떼어도 되지 않을까 싶다. 적어도 기록을 남기는 것만큼은 꾸준히 하고 있으니까 말이다. 올해의 목표는 한 주도 빠지지 않고 주간 일기를 쓰는 것. 그리고 한 주 한 주 어떻게 살았는지를 돌아보고, 내 인생을 더 '우와~'하게 만드는 것이다. 우와~ 그럴듯하지 않은가?

눈이라도 굴리는 중입니다

1. 트라케의 하녀는 탈레스가 우물에 빠진 걸 조롱하며 이렇게 이야기했다. "탈레스는 하늘의 것을 보는 데는 열심이면서 발치 앞에 있는 것은 알지 못한다"고 말이다. 하지만 하늘을 보지 않고 땅만 쳐다보며 다니다가는 길을 잃거나, 떨어지는 물건을 피하지 못하고 말 것이다. 우리는 하늘도 보고 땅도 볼 수 있어야 한다. 그러려면 나도 부지런히 목을 움직여야 할 것 같은데…

핸드폰을 많이 해서 거북목이 된 걸까? 나는 어느샌가 땅만 보게 되었다. 내 시야에 들어오는 일은 항상 하늘의 별보다 크다. 쓸데없는 걱정, 생기지 않을 일도 여럿 있지만 필히 신경써야 하는 일도 섞여있다. 그런 것들을 일일이 의식하고 살다 보니 하늘을 볼 시간은 좀체 나질 않는다. 나는 이렇게 땅만 보며 달려가다가 생을 마감할 팔자일까? 다행히도 눈을 움직일 짬은 남아 있어서, 잠깐씩이지만 눈을 위로 굴리며 생각을 해 보고 있다.

나는 보통 일기를 미뤘다가 적곤 하는데, 그러다 보니 그때 뭘 했었는지 바로 생각이 나지 않아 고민하곤 한다. 그렇게 눈을 굴리다 보면 지나간 사건들이 떠오르고, 그 이야기 속에서 이런저런 생각들이 갈라져 나온다. 예를 들면 어제 먹었던 커다랗고 달달한 귤에서 잊고 있던 할머니와의 대화를 떠올리거나, 읽었던 책 속에서 내가 하고 싶은 일의 실마리를 찾는 식이다. 그 생각이 어떠한 결론에 다다른 적은 없지만, 이렇게 반복하다 보면 언젠가는 그런 생각이 형체가 있는 나만의 덩어리가 될 날이 올 것이다.

2. 최근 나에겐 큰 변화가 있었다. 8년 만에 교회를 다시 다니기로 한 것이다. 얼마 전까지의 내 계획에는 없던 일이지만, 어쩌다 보니 그렇게 되었다. 눈을 너무 많이 굴렸나? 원래 인생이란 예상 밖의 일이 많이 생긴다.

다시 교회를 다니게 되었지만, 나는 아직도 성경이 유일한 진리라고 생각되진 않는다. '그때는 맞았지만, 지금은 아닌 것들도 있지 않을까?' 하고 조금씩 조금씩 말씀을 읽어 보는 중이다. 그렇다고 나는 성경이 쓸모없는 책이라고 생각하지도 않는다. 성경은 오랜 세월 동안 읽히던 책 속이라 많은 이야기가 쌓여 있다. 그런 스토리를 찾아서 보는 것이 재밌다. 아무튼 나는 성경을 통해 내 삶을 이어 나가 보려 한다. 이 결정이 나만의 하늘을 찾는 출발이 될지, 아니면 또 다른 실패가 될지는 나중에 이야기를 드리겠다.[*]

나는 마치 표류하는 배 같다. 방향을 잡지 못하고 이리저리 떠내려 가는 상상을 한다. 나는 늘 그것이 불안했다. 예전에 교회를 다닐 때도 남들처럼 강한 믿음을 가져본 적이 없었다. 그런 친구들이 대단하게 느껴졌다. 사회에서도 자신의 명확한 생각을 가진 친구들이 부러웠다. '어떻게 내 생각이 다 맞다고 믿을 수 있지?' 나는 그런 친구들이 무서웠지만, 한편으론 동경했다. 남들은 자신만의 정답을 설정해 놓고 걸어가는데, 나는 어디에도 다다르지 못한 채 삶이 끝나지 않을까 생각했

---

*오랜만에 이 글을 교정하면서 글을 다시 읽어보았다. 이 부분에 대해 추가를 하자면, 나는 다시 다니는 교회에서 나만의 하늘을 찾은 듯하다. 나는 성경을 통해 하늘과 땅을 모두 보는 법을 배우고 있다. 이 부분에 대해서도 나중에 글을 쓸 기회가 있기를 기대해 본다.

다. 하지만, '철학자와 하녀'를 읽고 나선 생각이 조금 바뀌었다. 철학은 방황이다. 어디에도 안주하지 않고 끊임없이 의심하고 또 새롭게 뻗어 나간다. 나도 그런 과정에 서 있다고 믿고 싶다. 내 생각, 내 걸음은 표류하는 것이 아니라 알지 못하는 무언가를 더듬어 찾아가는 과정이라고 여길 것이다. 걸음을 멈추지만 말자. 현실에 안주하지만 말자. 하늘로 고개를 들지 못하면 눈이라도 굴리자. 단지 그것만 바랄 뿐이다.

내 인생, 어떻게 살 것인가?

　나의 30여 년 동안의 인생 모토는 '나나 잘 하자'다. 이 생각은 내가 불만 없이 삶을 살게 하는 힘이 되었고, 그래서 나는 딱히 남 탓을 안 하고 적당히 살았다. 지금까지 무난하게 살아서 이런 방법이 정답인 줄 알았는데, 이제 보니 그것은 내 착각이었다.

　살면서 무언가 답답한 것이 있을 때마다 나는 '뭔 말을 하나…. 그냥 나나 잘하면 되지'라고 생각을 하고 넘기곤 했다. 타인에게 기대하지 않는 삶은 실망할 일도 없고 자신을 부지런하게 만드는 장점이 있다. 대신 그런 삶은 나에게서 '기대'나 '소망' 같은 말을 지워 버렸다. 이런 상태는 나의 삶 전반으로 퍼져 나가서, 딱히 기대하는 것이 없이 살아가는 인생이 되어버렸다. 남은 삶에 대한 희망이 사라지니 인생이 고달팠고, 매일매일 똑같이 반복되는 일상이 지겨웠다. 삶의 목적도 의미도 잃어버린 나는 이리저리 부딪히며 새로운 문제들만 만들어갔다.

그러다 누군가에게서 이런 말을 배웠다. '항실항소'. 항상 실망하지만, 또 항상 소망한다는 뜻이다. 실망할 걸 알면서 소망한다니, 처음에는 이게 무슨 소리인가 싶었다. 남들에게 기대했다가 잔뜩 실망하고, 더 이상 소망할 기운도 없이 엎어져 있는 그런 모습을 상상했다. 그런데 계속해서 이 말을 듣다 보니, '그래, 죽이 되든 밥이 되든 일단 해 보자'라는 생각이 들었다. 여기서 딱히 더 잃어버릴 것도 없겠다는 생각이 이런 생각을 실천으로 이끌었다. 실망할 걸 알고 시작하니 막상 실망할 일이 생겨도 그 충격이 크지 않았고, 친한 사람들에게 조금씩 의지하다 보니 삶에 재미가 붙었다. 그러면서 예상하지 못했던 재밌는 일들도 같이 나누게 되고, 더 편하게 이야기하며 서로에게 마음을 열 수 있었다.

그동안 남들에게 상처받을까 벌벌 떨고, 괜히 기대했다가 실망할까 봐 혼자 끙끙대며 살았던 시간이 아까울 정도로 요즘의 나는 만족스러운 삶을 사는 중이다. 물론 이런 즐거운 상태가 영원히 유지되리라고는 생각하지 않는다. 하지만 이제는, 그런 때가 오면 잠깐 실망하고 나서 새로운 내일을 소망하면 된다는 것을 안다. 아직은 어렵지만 계속 시도하다 보면 언젠가는 익숙해질 것이다. 흠…. 제발 그래야 하는데. 다만 정말 기대할 수 없는 사람에게 낭비할 체력은 나에게 없다. 그런 관계는 이제 정리해야지. 그런 데 쓸 기운을 아꼈다가 '내 소중한 사람들'에게 더 쏟아야지. 이 글을 읽는 모두가, '항실항소'하며 사람을, 내일을 더 기대하는 삶을 살기를 소망한다.

나는 미니멀 라이프의 꿈을 꾸는가?

본의 아니게 냉장고와 세탁기와 가스레인지와 건조기와 에어컨이 없는 삶을 잠깐 살게 되었다. 삶에서 필수라고 생각되는 가전이 없어서 그랬을까? 그때는 필요 없는 물건을 많이 버렸고, 당근도 열심히 했다. 항상 미니멀 라이프를 살아보고 싶었는데, 이런 방법으로 하게 될 줄은 몰랐다. 그러다가 새집으로 이사를 오면서, 비어있던 자리를 열심히 채워 넣게 되었다. 이제는 1인 가구라고 하기 민망할 정도로 많은 짐들이 집에 채워졌다. 개중에는 '있으면 쓰지만 일부러 사서 쓰진 않는' 물건도 잔뜩 들여놓게 되었다. 혹시 집에 문서 세절기가 있으신가요? 물론 필요해서 샀고 잘 쓰고 있(다고 생각하)지만, 가끔은 내가 너무 욕심을 부리는 것 같다.

언젠가 나는 내 자신이 『센과 치히로의 행방불명』에 나오는 '가오나시'같다고 생각했다. 주어진 것에 전혀 만족하지 못하는 삶. 뭔가를 더 채우려는 욕심이 내 배

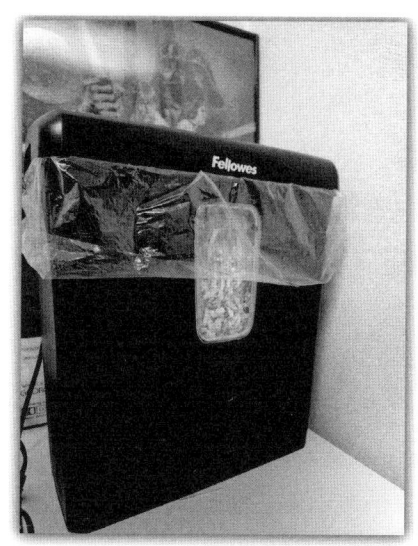
-유용하게 사용하고 있는(그리고 그래야만 하는) 문서 세절기

를 찢어놓을 것 같았다. 다행히 아직 배는 멀쩡하다만, 매달 위태로워지는 지갑과 꽉꽉 채워지는 집이 '니 생각이 맞아'를 외친다. 그래도, 만약 내 생각대로 물건을 다 샀다면 지금 나는 새 카메라 렌즈로 사진을, 새 노트북을 가지고 글을 쓰고 있었을 것이다. 이 정도면 일말의 양심은 남아 있는걸까? 언젠가 드론도 사고 싶다고 생각했는데, 그건 잘 쓸 자신이 없어 구매하지 않았다. 하지만 잠깐만 방심하면, 언제 내 집에 들어앉을지 모

른다. 긴장을 늦추지 말고 집을, 통장을 잘 사수해야 한다.

그래서 그런지 몰라도 집을 널찍하게 비워 놓고, 욕심이 없는 사람이 그렇게 부러울 수 없다. 여백의 미를 즐기는 여유로운 모습. 앗, 이것 또한 내가 가지지 못한 것을 탐내는 걸까? 오늘도 사고의 미궁에 빠진 1인. 머릿속으로 생각은 그만하자. 이젠 남의 '무소유'를 덜 부러워하고, 나의 '덜 소유'를 위해 정진해 보도록. 이번 주말에는 더 안 쓸 것 같은 물건을 당근해 봐야지.

라떼의 추억 여행

　새삼 나이를 먹었다는 걸 느낀다. 어릴 때 학교에서 쳤던 '실로폰'은 '글로켄슈필'이 되었고, 메탄-에탄-프로판으로 외우던 화학식은 메테인-에테인-프로페인이 되어 버렸다. '요오드'도 '아이오딘'이 되었고, '게르마늄'은 '저마늄'이라고 한단다. 저마늄이 뭐야 도대체? 물론 다 이유가 있어서 바꾼 것이겠지만, 이 아저씨는 이런 단어들이 생소하기만 하다. 이러다가 곧 '라떼 인간'이 되는 걸까? '나 때는 말야~ 학교 나무 바닥에 왁스 칠도 하고, 난로에 넣을 등유도 받아오고 그랬어~' 하면서 말이다. 인간은 어떤 대상에 자신을 투영시키기를 좋아한다던데, 이렇게 잊혀 가는 단어나 추억에 자신을 투영해 가며 자신을 상기시켰다가 지웠다가 하며 사는가 보다.

　누구나 그렇게 쉬이 놓아 보내고 싶지 않은 것들이 있는 걸까? 나의 아빠는 어렸을 때 극장에서 영화를 보는 게 낙이었는데, 당시 유명한 배우들의 이름과 특징을 아직도 기억하고 계신다. 이제는 돌아가신 할머니는 치매로 기억이 하나하나 지워져 가면서도, 신혼여행으로 간 자유공원 맥아더 동상 앞에서 할아버지가 모자를 잃어버렸다는 얘기를 수도 없이 반복하셨다. 그 기억이 다 녹아 없어질 즈음에는, 동생과 함께 산에서 호랑이 새끼를 주워 왔다가 어른들께 크게 혼났었다는 이야기를 잊어버릴세라 매일 되뇌셨다.

  그렇다면, 내 인생의 마지막까지 쥐고 갈 추억은 무엇일까? 게르마늄-저마늄 같은 것들은 절대 아닐 것이다. 초등학교 다닐 때 요크셔테리어를 피해 도망가다 계단을 굴렀던 기억일까? 아니면 비가 억수로 오던 날 학교 운동장에서 놀다 슬리퍼가 떠내려가서 맨발로 집에 온 기억이려나? 이런 것보단 좀 더 밝고 재미있는 기억이면 좋겠는데…. 산타로 분장한 아빠에게서 자동차 장난감을 받았던 기억 정도면 나쁘지 않겠다. 어떤 추억이 끝내 살아남을지는 그때 가 봐야 알겠지만, 잠깐이지만 그날을 상상했더니 이런저런 추억들이 와르르 쏟아졌다. 시작은 실로폰이라는 말을 더 이상 쓰지 않는다는 이야기였는데 말이다. 이렇게 잔뜩 흘러온 생각의 끝은 '내일 출근'을 지나 '얼른 자야 함'에 도착하며 마무리되었다. 앞으로 내가 얼마나 더 살지는 모르겠지만, 떠올릴 수 있는 재밌는 기억이 더 많이 쌓이기를 기대해 본다. 그나저나 라떼 인간이 되지 않는 건 이미 틀린 것 같으니, 기왕이면 '재밌고 유쾌한 라떼 인간'이라도 되어 보자.

작가노트

백록담

  글을 쓴다. '잘 쓰기'는 어렵지만 '그냥 쓰기'는 익숙해졌다. 쓰는 것에 대한 고민도 있다. '내가 글을 너무 쉽게 써버리는 것은 아닐까?', '글 날이 뭉툭해서 이도 저도 아닌 이야기가 되진 않을까?'. 오늘도 이렇게 쓸데없는 생각을 모아, 쓴다.

2.

작가소개

이아영

　새해를 거듭해서 맞이할수록, 새해에 둔감해진다. 31살부터는 나이를 세지 않았고, 만 나이 도입도 나이를 셀 만한 동기가 되지 않았다. 30대 초반, '몇 년생'이라는 소개가 편해지면서 어떤 어른이 될지를 고민해야 할 때라고 느낀다. 불안정한 유년기를 지나, 나에 대한 탐구라는 반(反) 덕분에 스스로와의 화해라는 합(合)에 도달했다. '나'만을 향하고 '나'만을 위한 사춘기가 끝났다. 이제는 주변 세상과의 관계를 고민할 차례다. 작년 2023년의 초중고생 자살 사망자 수는 214명이고 역대 최고 수치이며, 최근 8년 동안 두 배 이상 늘었다고 한다.* 나만의 세계에서 안정을 만끽할 때인가? 부끄러움

---

*김소희 기자, 「작년 초중고 학생 자살 214명, 역대 최고치...8년 만 두 배 늘었다」, 한국일보, 2024.09.26, 11면
https://www.hankookilbo.com/News/Read/A2024092610390005510?did=NA

을 느끼는 것이 내가 마주해야 할 반일 테다. 우선 내 앞에 놓인 아이들을 살려야 한다. 바라거나 기도하지 않는다. 행동을 실천할 뿐이다.

세상이 문제야?

세상이 문제야?

'세상이, 사회가 문제야.' 여성 혐오가 개인적 문제가 아닌, 사회·구조적 문제라는 걸 깨달은 뒤로, 이 세상이 왜 이랬었는지, 왜 아직 이런지, 대체 언제 바뀌는 건지 고통스러웠다. 젠더*와 섹스**의 차이도 몰랐던 내가, 대학 시절 '꿀 수업'이라고 불리었던 '성과 사회' 수업을 통해 여성학을 처음 접하게 된 건 우연이었을까.

깨달았다고 곧장 행동한 건 아니었다. 앎과 행동 사이의 크나큰 간극이 있었다. 몇 년이나 지나서야, 개인 sns에 여성인권에 관한 글을 적기 시작했고, 시위에 나갔다. 가지고 있던 가장 큰 코르셋이었던 머리카락을 자르기까지는 6년이 걸렸다. 단발로 자르는 거까진 수

---

*gender, 사회적인 성
**sex, 생물학적인 성

월했는데, 옆머리는 투블럭에 뒷머리는 상고로 자르려고 마음먹은 이후로는 몇 달 내내 고민했다. 길었던 머리카락을 자른 뒤에는, 주변의 잡음은 생각만큼 심했다. "네가 원하던 머리야?", "남자 같아.", "멋있네". 한 뼘보다 적게 잘린 머리카락에 달리는 말들은 수두룩했다. 머리카락에 대한 말들이 주렁주렁 달릴수록, 오히려 '자르길 정말 잘했다.' 싶었다. 참 이상한 건, 나를 알던 사람들일수록 내 머리카락 길이에 대해 참으로 많은 말을 하는 것이었다. 내가 6년 동안 변화를 두려워했던 것만큼, 다른 사람들도 그러하고, 그래서 세상은 참으로 더디게 바뀔 수밖에 없다는 걸 깨달았다.

머리카락을 자른 뒤에, 함께 수업하던 학생이 머리카락을 잘랐다. 심지어 나보다 더 짧게. 혼자 나가던 시위에 친구들과 함께 갔고, 여성 인권에 대한 포스팅에, 점점 더 많은 친구들이 공감의 메시지를 보내왔다. 내 세상은 내가 변하는 만큼 변했다. 온몸의 세포가 7년이면 모두 교체된다고 하던데, 내가 머리카락을 자르기까지 6년 정도 걸린 게 자연의 섭리였을까.

우주적 리듬 혹은 에필로그
미뤄뒀던 글을 토요일 밤이 되어서야 부랴부랴 쓰기

시작한다. 이번 주말은 조카들이 놀러 오는 날이다. 저녁 무렵까지는 최대한 '지금, 여기'에 집중한다. 토요일이 끝날 때 즈음이 되니 그동안의 후회—왜 2주 동안 글을 쓰지 않았지. 최소한 금요일까지는 마쳤어야 했는데.—가 밀려온다. 재잘대는 조카들을 옆에 두고 책을 다시 읽으면서 글감을 추린다. 예원이는 내 옆에 앉아서 내가 필사하는 내용을 따라 적는다. 글감을 정리하고 나서 글을 본격적으로 쓰려고 하니, 나만의 방이 필요해진다. 조카들에게 "미안하지만 이모가 공부해야 되니, 다른 방에 가서 놀아라."라고 한다. 예원이가 자기도 공부하겠다고 한다.

   나는 류시화 작가가 엮은 '사랑하라 한 번도 상처받지 않은 것처럼'[***], 을 꺼내서 예원이에게 필사할 시를 골라주었다. *"춤추라, 아무도 바라보고 있지 않은 것처럼. / 사랑하라 한 번도 상처받지 않은 것처럼. / 노래하라, 아무도 듣고 있지 않은 것처럼. / 일하라, 돈이 필요하지 않은 것처럼. / 살라, 오늘이 마지막 날인 것처럼.(알프레드 디 수자, 사랑하라, 한 번도 상처받지 않은*

[***] 사랑하라 한번도 상처받지 않은 것처럼,

것처럼)" 예원이가 하나 더 필사를 하겠다고 해서, '진정한 여행'을 골라준다. 시 두 편을 필사하고 나니, 대략 1시간이 걸린다. 예원이는 필사한 시 두 편을 할머니, 할아버지 앞에서 낭독하고 게임 한 판을 하고 잠자리에 든다.

고미숙 작가님이 말하는 우주적 리듬이란 이런 식이다. 우주적 리듬엔 좋고 나쁜 건 없고 변화만 있을 뿐이니, 해석은 나의 몫이다. 글쓰기를 미룬 이 게으름에도, 게으르다는 건 대단히 나쁜 일이라고 해도, 좋은 점이 반드시 있다. 글쓰기를 미룬 덕분에 조카와 함께 글을 쓸 수 있는 점.

'몸과 인문학'을 읽고 글감으로 정리해둔, '유년 시절에 대한 번뇌와 망상 그리고 극복/여성의 몸과 인문학/직장에서의 실천적 사랑'에 대한 글을 쓸 수 있기를. 글감이라는 *씨앗*을 뿌려준 이번 책과 모임에도 감사를. 소중한 씨앗들을 자주 들여다보고 부지런할 수 있기를.

내가 선택한 자유

 고아라는 사실을 받아들이자 내 안의 고아가 비로소 자유로워졌다. '문제'라고 일컫는 것들은, 제대로 직면하기만 하면 해결되는 게 대다수이다. 유년 시절의 대부분을 고아로 보냈지만 막상 당시에는 내가 고아라는 걸 깨닫지 못했다. 또래 친구들과 잘 맞지 않는다며 거리를 뒀고, 학교 안에서 학교 밖을 더 떠올리는 방랑자였다. '나는 진흙 속에서도 피는 꽃이 될 테야.'라고 생각하면서, 주변 환경을 탓하지 않고 내가 꿈꾸는 모든 걸 해낼 거라고 마법사처럼 굴기도 했다. 타고난 전사 기질 덕분에, 목표에 몰두하는 건 쉬웠다. 나에게 상처를 주는 모든 것으로부터 나를 보호하려고 했다. 매 순간이 투쟁처럼 느껴졌다. 나만의 벽은 더욱 견고해졌다. 자라난 곳과 어울리던 사람들로부터 거리를 뒀다. 내가 선택한 삶이니 편안했다.
 더 이상 바랄 것이 없다고 생각할 때, 악몽은 선명해

졌다. 그러니까 현실이 단순하고 편안해졌을 때, 꿈은 더욱 생생해졌다. 2~3개의 비슷한 장소에서 2~3명의 비슷한 사람들로부터 쫓기는 꿈을 꿨다. 꿈에서 나는 항상 청소년기였다. 악몽이 수개월 반복되었고, '왜 이런 꿈을 대체 꾸지?', '너무 무서웠어.', '다시 꾸기 싫어.'라고 생각했다. 리베카 솔닛은 책 '멀고도 가까운'에서 "후회는 이야기하려는 열망이다."라고 말했다. 반복되는 후회와 슬픔 속에서, 나는 어떤 이야기를 하고 싶은 건지 적기 시작했다. 꿈이 무섭다고 생각하는 것을 중단하고, 꿈 안에서 무엇을 무서워한 것인지 그리고 그것이 무엇을 의미하는지 찾아갔다.

내가 버려졌다고 느꼈던 순간을 최대한 자세하게 떠올렸다. 심리 상담에서 조언을 받은 대로 '나는 어떤 상황이었고 어떤 감정을 느꼈는지, 지금의 나는 어떤 감정이고 그때의 나를 보면 어떤 감정인지, 그리고 지금의 내가 그때의 나에게 해줄 말은 무엇인지' 떠올렸다. 과거의 나를 현재의 내가 위로해 주고 이해해 주는 순간, 나는 나의 안식처가 되었다. 나의 아픔에만 집중했었는데, 아픔이 조금씩 해소되면서 다른 사람들이 느껴야 했던 아픔을 이해하기 시작했다. 반복되는 꿈은 더 이상 꾸지 않았다.

내 안에 불완전함과 불안이 존재한다는 사실을 받아들인 이후로는, 나의 세상 역시 불완전하고 모순적임을 받아들일 수 있었다. 삶과 화해한 후에, 그러니까 삶과 대적할 필요가 없다고 받아들인 후로 어디에도 얽매여 있지 않음을 느낀다(이 책 '나는 나'는 '사로잡히지' 않았다고 말했다). 비로소 자유로워진다. 나는 과거에도 현재도 결코 비참하거나 가엽지 않았다. 그렇게 해석했을 뿐. 지금도 불행을 선택하지 않는 연습을 한다. 대신 때때로 불행으로 보이는 여러 사건이 찾아올 수 있음을 인정한다.

명상 수업에서 배웠던, '나는 감정이 아니고 감정을 느낄 뿐이다.'라는 말의 의미를 조금씩 이해한다. "I am sad."라고 하면 나는 슬픔이 된다(정확히는 슬픈 '상태'를 뜻한다). "I am being sad."라고 하면 I와 sad는 한 단어만큼 멀어지고, 진행형은 일시적이고 끝난다는 사실을 내포하기 때문에, 슬픔은 일시적이며 끝날 수 있음을 뜻한다. 한 단계 더 나아가서 "I am feeling sad."라고 하면 나는 슬픈 감정을 느끼고 있다는 의미가 된다. 나는 슬픈 감정을 직면하고 응시하기 때문에, 슬픔과 동일시되지 않는다. 슬픔은 더 이상 내 안에 있지 않다.

애이불비哀而不悲, 슬퍼하되 비탄에 빠지지 말고, 낙이불음樂而不淫, 즐거워도 도를 넘으면 안 된다. -다산어록청상중에서

불안함을 깨닫는다고 불안하지 않는 건 아니다. 지금도 충분히 불안하다. 예전엔 불안한지조차 몰랐고 그것을 외면했기 때문에 꿈에서만 허덕였다. 이젠 꿈에서 허덕이진 않는다. 아니, 꿈에서 종종 허덕인다는 사실을 깨닫는다. 알아채는 것만이 그것으로부터 빠져나오는 유일한 방법이며, 그것은 스스로 선택해야 하는 일이다.

사랑을 먹고 자라는 바퀴벌레

"이 바퀴벌레는 이제 당신 소유가 되었습니다."

 손으로 무심코 스쳤던 바퀴벌레는 이제 내 집에서 산다. 스치려고 스친 게 아닌데. 스친 순간 바퀴벌레와 함께 살아야 한다. 바퀴벌레를 잡으려고 두꺼운 책을 내리친다. 바퀴벌레는 죽지 않는다. 미움과 증오를 먹고 사는 이 바퀴벌레는 내리친 힘만큼 커진다. 등 껍데기도 더 딱딱해졌고 반질반질하다. 사람 마음에는 미움이 존재하지 않는다. 증오도 마찬가지다. 사람의 마음은 딱 한 가지다. 두려움. 두려움을 먹은 만큼 바퀴벌레는 더 커진다. 또 한 번 힘껏 바퀴벌레를 내리친다. 바퀴벌레는 여전히 커질 뿐이다. 또 한 번, 한 번 더. 바퀴벌레는 사라지지 않는다. 더 커지고 한껏 부풀어 오르더니, 마침내 분열하기 시작한다. 이제는 한 마리가 아니다.

 바퀴벌레 꿈이 펼쳐진 배경은 예전의 단칸방이 아니었다. 바로 지금의 이곳이었다. 단칸방의 작은 아이는,

이곳에서 두 뼘은 더 자랐다. 그래서 바퀴벌레를 두려워하기를 잠시 그만두고 딴 일에 집중할 수 있었다. 물론 마음 깊은 곳에는 바퀴벌레 두려워하기를 계속한다. '바퀴벌레를 생각하면 안 돼.'를 외칠수록 바퀴벌레는 계속 내 마음 안으로 들어온다. 그럼에도 눈앞에 다른 일들에 집중해 본다.

"어, 갑자기 바퀴벌레가 죽었어."

"어떻게?"

"바퀴벌레가 배고파할 것 같아서 먹이를 줬더니 갑자기 죽었어."

아! 두려움을 먹고 자라는 이 바퀴벌레는 사랑을 주면 죽는구나. 어디로 가는지 모르겠으나 자유일 수도 있겠다. 먹이를 잔뜩 줬다. 더 이상 바퀴벌레가 없다.

눈 떴더니 바퀴벌레는 당연히 없는데 꿈속에서 봤던 그 서랍은 저기에 있다.

작가노트1

무엇을 써야 하나. 글을 쓸 때마다 하는 고민이다. 글로 써야만 하는 이야기가 내 안에 있는지 분간이 되지 않는다. 긍정적인 변화라고 지칭할 것이 손톱만큼은 있었다. 밝은 목소리로 전달할 수 있는 글감이 분명 하나

쯤은 있었다. 하지만 글로 옮기고 싶은 마음은 안 든다. 아직 글로 적기에는 영글지 않았을까. 아니면 아등바등하는 내 모습을 들키고 싶지 않았던 걸까. 행行이 전부라는 걸 인정하지만, 실제로 행하는 건 매 순간 집중하고 나를 마주하는 일이었다. 더 나은 사람이 되겠다는 다짐은, 지금의 나를 쪼그라들게 하기에 충분했다. 처음엔, 지금의 나를 오롯이 받아들이겠다는 마음으로 시작했는데, 왜 나를 마주할수록 나는 더 나은 사람이 되려고 애쓰는 걸까.

  교실 문에 문구를 붙였다.

오늘의 미덕 / 감정은 내가 아닙니다. 나는 감정대로 행동하거나 감정에 휩쓸리지 않고 감정을 적절히 받아들이고 표현할 줄 압니다. 가장 소중한 나를 소중하게 대합니다.

  전날, 한숨을 쉬고 발을 동동 구르던 학생이 생각났다. 그래서 감정에 관한 내 생각을 써 붙였다. 어디에선가 주워 쓴 문장들이다. 아이들의 눈에는 이 문장들이 어떻게 보일지, 행간에 무엇을 채울지는 알 수 없다. 그래도 그냥 써 내려간다. 문득문득 화를 가장한 두려움을 느끼는 순간마다 교실문 앞에 있는 문구가 보였다. '역시, 누가 누구를 가르치겠어.' 싶으면서 부끄럽다고 생각했는데, 이건 내가 별로인 사람일지 모른다는 두려움 때문이다. 나는 매 순간 두려움이 치밀고 그걸 이겨내려고 안간힘을 쓴다.

가칭 '바퀴벌레 이야기'는 어제 꾼 꿈이다. 24년의 에세이집에는 이 이야기를 실을지는 모르겠다. 2023년 4월 23일에 가장 쓰고 싶은, 써야만 했던 이야기였다는 점만 확실하다. 이런 글을 어사 멤버들 앞에서 읽는다니. 읽어도 되는 건가 싶다. 지루하기만 한다면 참 다행일 텐데…. 미리 죄송하다는 말을 적는다. 이 글은 10시간 전에 적은 글이지만 이제야 읽힌다.

작가노트2

글쓰기란 무엇인가. 개인의 투쟁이라고 본다면, 도처에 널려있어서 발에 채이는 '나' 중에 삐쭉 튀어나와있는 한가지를 붙잡는 일일테다. 보편적이고 예측가능한 '나'는 글감이 될 수 없다. 대신 그것을 생경하게 마주하거나, 혹은 변화를 꾀하거나, 다행히도 변화를 했을 때 글로 써질 수 있다.

꿈을 글감으로 가져옴으로써 꿈은 해석되고 재창조

된다. 꿈 안에서 나름의 해석과 판단을 하는데, 이는 꿈 안의 '나'에게만 적용되지 않고, 꿈의 전반에 영향을 끼친다. 예컨데, 어젯 밤에 잠들기 전에 봤던 인터넷 글이라든지, 낮에 있었던 일 중에 내 마음안에 어떠한 방식(보통 부정적인 방식)으로든 흔적을 남긴 일은 사건 그 자체로 존재하지 않고 꿈속 세계에서 배경과 사건으로 혼재되어 나타난다.

꿈을 해석하면서 '나'의 무의식, 즉 상처를 비롯한 여러 욕망을 마주한다. 더이상 꿈은 창조자 혹은 피할 수 없는 배경이고 '나'는 꿈 안의 개인으로서 존재한다는 이분법에 매여있지 않는다. 대신 나 즉 꿈임을 깨닫는다. 이 글이 꿈에 대한 이야기라는걸 중후반에 밝힌 이유이다. 꿈 속의 '나'도 꿈에서 깨어난 뒤에서야 꿈을 꿈인줄 안다.

'사랑을 먹고 자라는 바퀴벌레'에는 '모든 것을 내 몸처럼 사랑하라'는 경구를 아직 체화화지 못했다는 반성으로 썼다. 왜 바퀴벌레를 두려워하는걸까? 그것이 바퀴벌레를 해할만큼의 두려움인가? 바퀴벌레도 사랑을 먹고 자란다는걸 깨달았으니 이제 바퀴벌레를 사랑하는 행동만이 남았다.

fish는 영어로

"fish는 영어로?"

"물고기요."

"근데 이상하지 않아? 물고기는 물에 사는 고기를 말하는데 우리가 소를 보면서 '어! 소고기다!' 하지 않잖아. 왜 물고기는 물고기라고 하는 거지?"

이 질문에 아이들의 반응은 대체로 이렇다.

"어차피 먹을 거니까요."

"그러게요. 이상한데요."

"모르겠어요."

어차피 먹을 거라는 아이들에게는 이렇게 다시 묻는다.

"모든 생선이 먹히려고 태어나는 건 아니지 않을까? 먹힌다고 해도 그것의 존재에 대해서 고민하지 못하는 것도 아닐 거고."

아이들의 말은 보통 이런 질문으로 마친다.

"그래서 선생님은 물고기 안 먹어요? 어차피 먹을 거잖아요."

논리나 논의는 항상 이곳에서 멈춘다. 물고기를 물고기로 지칭하는 게 과연 합당한가 논의 하다가 나의 도덕관념 혹은 행동에 대해 논하는 것이다. 어른들 사이에서도 비거니즘을 포함한 동물권을 다룰 때 "그래서 넌 도덕적으로 완전무결해?" 혹은 "그래서 넌 모기도 안 잡아?" 따위의 말이 자주 나오긴 하지만, 아이들의 입에서 나오는 같은 말은 생경하다. 책 '어린 왕자'에 나오는 어른들이 할법한 말인 것 같다. 우리 아이들이 벌써 어른이 되어버린 걸까 걱정한다. 아이들의 말은 어디에서부터 온 걸까. 아이들의 안에서부터 온 것이라고 생각하지 않는다. 내 말들이 내가 듣고 주워다 쓴 말인 것처럼, 아이들 역시, 주변 어른들로부터 혹은 어른의 말을 재생산하는 또래 아이들로부터 말을 배웠을 것이다. 하이데거는 "말하는 것은 언어이지 인간이 아니다."라고 말했다. 문제의 원인을 찾으려면, 아이들의 도덕성이 아니라 말에 주목해야 한다.

"샘 생각에는 이 단어가 무엇인지 혹은 이것들이 우리 식탁에 어떻게 오는 건지 아는 것도 중요하다고 생각해. 어쩔 수 없이 다른 생물을 먹고 살아야 한다고 해도, 존중하고 생각해 볼 수는 있잖아. 더 나아가서는 과식을 할 때 고민해보거나 필요 없는 소비를 안 할 선택을 할 수도 있고."

익숙하게 생각해 오던 것에 이상함을 느끼는 아이들에게는 이렇게 말해준다.

"그러면 물고기를 바꿔 말할 수 있는 단어가 있는지 한번 떠올려보자. 어떤 사람들은 물에서 사는 생물이니까 '물살이'라고 부르자고 한 대."

"음…. 생선? 생선도 좀 이상하긴 한데…."

"이미 있는 단어에서는 찾기가 어려울 거야."

아직 우리나라에서는 물고기를 지칭하는 독립적인 단어가 없으므로 우리 마음대로 상상할 수 있다. 하지만 새로운 단어를 상상하는 건 새로운 세계를 상상하는 것만큼 쉽지 않은 일이다.

"그리고 'Fish don't exist.'라는 말이 있어. 물고기는 존재하지 않는다는 거지."

아이들의 눈이 동그래진다. '물고기라는 단어가 적합한지를 논하는 것도 새로운데, 물고기라는 게 사실은 없었다니!' 하는 호기심의 말이 말하지 않아도 귓가에 들리는 것 같다.

"책 제목이기도 한데, 'fish'라는 종은 존재하지 않는다고 해. 어떤 물고기들은 육지 동물과 더 비슷한 특성이 있거든. 그래서 지금 fish로 분류된 것들이 사실은 fish가 아닌 거였지. 나중에 관심 있으면 'Why fish don't exist'라는 책을 읽어봐."

'내가 읽은 책이 곧 나의 우주다'라는 장석주 작가 책 제목처럼, 책이나 글을 읽기 전과 읽은 후의 나의 세계는 완전히 달라진다. 책이 내 삶에 녹아있는지 매번 점검하면서 책 읽기를 지속하는 우매한 나이지만, 내 세계를 조금씩 지금 이곳에 끌어당기면서 실현하고 있다고 믿고 싶다. 나의 책 읽기는 책을 읽기 전의 세계가 있기에 가능했다. 책을 읽으며 혹은 책을 읽은 후의 삶 역시 매 순간 변화하고 있기에 그 의미가 있다. 내 주변 이들과 이야기를 만들고 어사 친구들에게 글을 나눌 수 있는 지금이 있기에 책 읽기는 거듭 완성되고 지속된다. 지금처럼 글 쓰는 순간에는 자유를 느끼고, 숨통이 트인다. 감사하다.

야금야금 애벌레 탑 내려오기[*]

 '**이대로 살아도 되는 건가?**' 어느 날 아침 문득 눈을 뜨고 생각했다. 책 '모순'의 진진이가 그랬던 것처럼 별안간 내 안에서 선언이 들려왔다. 그럼, 진진이처럼 결혼이라도 해야 할까 아니면 다른 선택을 할 때가 된 건가 아니 그보다는, 나에게는 **지금**을 벗어날 방도가 있긴 한 걸까 생각하다가 또 문득 '이대로 살지 못할 건 뭔가? 다르게 사는 삶이란 그 자체로 의미가 있는가? 그렇다면 이대로 사는 삶에서는 진정 의미를 찾지 못하는 걸까?' 하는 생각이 들었다. 수년간 같은 질문에서 맴돌고 있는 나를 자각하고, 얼른 생각을 멈췄다. 글에서 여러 번 밝혔듯이, 최근의 나는 **지금-여기**에서 감사와 행복을 선택하는 연습을 하고 있다.

---

[*]책 '꽃들에게 희망을'에 나오는 대다수의 애벌레가 오르는 끝이 보이지 않는 탑을 말한다. 주인공과 친구 애벌레만이 나비가 되기를 택한다.

하지만 이런 다짐은 친구들과의 모임에서 "넌 연봉이 얼마나 돼?" 혹은 "아무개는 차를 새로 뽑았다던데." 하는 말들에 너무 쉽게 무너진다. 나는 자랑할 연봉도 새로 뽑은 차도 없으니 대화에 낄 여지가 전혀 없었다. 대화에 반쯤만 걸쳐있는 나에게 친절하게 관심을 보이며 "넌 네 애인을 사랑하니?"라는 친구의 질문에는 "사랑이란 무엇인가."**라고 대답한 게 내 진심이었으니, 공부한 보람이 여기에 있겠다. 예전에 나였으면 "글쎄… 그런가?" 하고 얼버무렸을 테니 말이다. 여하튼 이런 관계에선 책 '사랑의 기술(에리히 프롬 저)'이나 '사랑에 대하여(장석주 저)'를 함께 읽기는 어렵겠다 싶었다. 이 모임 역시 인증샷을 수반하는 모임이었고, 모임에 대한 어떠한 연상 장치도 남겨두고 싶지 않아서 모임 다음날에 그날 찍은 사진들을 삭제했다. 그 후로 대략 2주간 내 연봉에 대해서, 내 자산에 대해서, 예상되는 삶의 흐름이나 계획에 대해서 죄책감을 느끼거나 고통스러운 상상의 꿈을 꾸었다.

**김영민 교수의 칼럼 '추석이란 무엇인가 되물어라'에서 착안하였다.

매일의 일터에서도 어느 날은 참으로 뿌듯하다가도 어느 날은 내가 뭘 하는 건지 모를 때가 있다. 학생들과 함께한다는 자부심과, 사교육에 일조하고 악습을 재생산한다는 죄책감이 동시에 들기 때문이다. 그래서 종종 일터를 벗어나 볼까 생각하는데, 지금 하는 일을 과감히 중단할 용기도 없을뿐더러, 어떤 일을 하며 살아야 하는지 전혀 모르겠다. 어떤 일을 하든 이것보다 더 나을 거란 기대가 들지 않는 건 나의 게으름이 만든 자기 합리화일까. 아예 다른 방식으로 살 용기는 없기에, 지금에서 약간의 변주를 주는 방법을 선택한다. 지금 이 자리에서 내가 할 수 있는 일을 하나씩 해본다. 초등학생들이 "공부할 시간이 없어요."라고 말하면, "진짜 시간이 없을까?"라고 이죽거리는 대신에, "이미 바쁘겠지만 조금만 시간을 내볼 수는 있겠니?"라고 말한다. 그리고 학원 공부가 아이들의 일상에서 시간을 내서 해야 할 만큼 진정 가치 있는 일일까 생각한다. 책 '나는 가해자의 엄마입니다(수 클리볼드 저)'를 읽고 있을 때쯤에는 글씨를 바르게 쓰라는 나의 말에, 순간 불쾌해 보이는 표정 뒤에 바로 뒤따라 나오는 "네. 선생님. 죄송합니다."라는 학생의 맑고 도드라지는 음성은 무슨 의미일지를 골똘히 생각해 보기 시작했다. "선생님은 당연히 연봉 1억이겠죠?"라고 묻는 학생에게, "연봉 1억이 아니어도 이렇게 일하는 사람도 있는 거야."라고 말해주거나, 원장의 친인척이 아니더라도 성실히 일하는 강사가 있음을 보여주는 것도 나만의 변주다. 물론 학원을 인수할 계획도 없고, 인수하고 싶은 마음도 전혀 없다. 내 학원을 차릴 생각조차 없기에.

모든 종류의 애벌레 탑에서 벗어나고 싶다. 휴대폰 메모의 한 폴더 이름은 '균열'이다. 이때의 균열은 여성주의와 관련되어 있다. 이 폴더는 2020년에서 멈춰 있는데, 이때쯤의 나는 내가 할 수 있는 여성주의적 실천이 없다는 생각에 좌절했다. 이제는, 내가 지금의 내 자리에서 공부한 바를 꾸준히 실천할 수 있음을 믿는다. 내가 직장 생활을 꾸준히 하는 것도 실천의 한 종류가 될 수 있겠고, 여아들에게는 에둘러 말하지 않고 요점을 정확하게 말하도록 지도하거나 남아들에게는 감정을 억누르지 않고 적절히 표현하도록 지도하는 것 또한 실천이 아닐 수가 없다. "지금도 잘하고 있는 것 같아요." "그렇게 애쓰지 않아도 될 것 같아요."라는 말은 듣고 싶지 않다고 미리 밝히겠다. 나의 실천에 대하여 칭찬이나 평가를 받고 싶진 않고, 어떤 실천을 할 수 있을지 혹은 다른 이는 어떤 실천을 하며 살아가는지가 궁금할 뿐이다. 애쓰지 않고도 모든 이를 사랑하거나 매 순간 감사하며 살아가는 이는 부처나 예수의 깨달음의 경지에 오른 것이 아닐까? 부처도 혹독한 수행 끝에 깨달음을 얻었는데, 한낱 중생인 내가 어찌 평탄하게 깨달음의 경지에 오르겠는가.

한 스푼 곁들여진 실천

　우리가 함께한 시간이 잠시 머무르는 물거품이 되어 잘 흘러 나갈 수 있도록, 모임에서 함께 읽었던 문장에, 그동안의 실천 한 스푼과 반성 한 사발을 곁들여본다.

　"고유한 '힘'을 이해하고 나서야 우리는 그 자체에서 수반될 수 있는 '약점'이나 '곤경'을 아무런 '악의' 없이 그대로 볼 수 있게 된다."*

1.

　나의 가정 형편, 나의 유년 시절이 약점이고 곤경이 될 수도 있겠으나, 이제는 이것을 악의 없이 바라본다. 왜냐하면 이것 중에 그 무엇 하나라도 없었다면 지금의 나는 없기 때문이다. 물론, '만약 더 좋은 집안에서 태

---

*p.45. 고병권(2014). 「철학자와 하녀들」. 메디치미디어

어났다면, 난 더 나은 사람이 되었을 텐데.', 혹은 '이렇게 살진 않았을 텐데.'라는 얄팍한 악의를 가진 적은 있었다. 악의는 나에게 좋은 피신처였다. 왜냐하면 그 악의를 벗어던지면, 이후의 삶은 온전히 내 선택이기 때문이다. 선택하고 실천하는 건 곱절은 어렵고, 곤경이나 약점을 핑계 삼는 건 참 쉬웠다.

하지만 언제까지나 '왜 내 삶은 실패했는가?'라는 질문을 나에게 계속 던지면서 내 삶을 실패한 것으로 내버려두고 싶진 않았다. 다만, 지금 내가 할 수 있는 일은 무엇일지 생각하면서, 나만은 나를 붙잡고 지탱해주자 생각했던 것 같다. 내 앞에 놓인 건 그저 내 삶뿐이었다. 연꽃은 진흙 속에서 핀다는 말도 있어서, 내가 처한 상황을 진흙이라고 생각하고 내 존재는 연꽃으로 해석했다. 식물이 잘 자라지 않는 건 식물 때문이 아니라 환경 때문이라는 말도 있기에, 더 나은 환경은 무엇일지 상상하기도 했다.

유년 시절로부터 한참의 시간이 지나고 나서야, 머리를 묶어주고 옷 입혀준 엄마를 떠올렸다. 집은 가난했어도 내 행색은 그다지 가난하지 않게 해주려던, 바쁜 출근 시간을 쪼개고 쪼개서 등교를 챙겨줬던 엄마에게 감사할 수 있었다. 우리 엄마가 더 바빴다면, 우리집이 더 가난했다면 난 무슨 생각을 하면서 자랐을지는 잘 모르겠다. 불평을 더 많이 하고 더 불행했을지도 모른다. 다만, 더 큰 고통이 세상에 존재한다고 해서, 내가 겪었던 고통이 고통이 아니라고 말할 수는 없으므로, 난 나의 고통은 고통으로 받아들이고 그곳에 이야기를 불어넣고 싶다.

매번 똑같은 고해성사를 하는 이유는, 나에게는 이것이 가장 큰 고통이었고 악의 없이 바라보기까지 너무 오랜 시간이 걸렸으며, 악의 없이 바라보는 것을 넘어서 실천하는 건 더없이 어렵기 때문이다. 가장 가까운 사람을 소중히 대하겠다는 다짐은 바닐라 아이스크림에 코팅된 얇은 초콜릿 같아서, 가깝게 지내는 모든 순간에, 다정한 온기에 녹아버리는 얄팍한 것이었다.

나와 비슷한 고통을 가진 이들이 악의를 버리고 곤경에서 자유로워지기를 바란다. 곤경에서 자유로워진다는 건 고통이 없다는 의미는 아니다. 딱 곤경만큼의 고통을 느낄 뿐이다. 그리고 고통에 새살은 반드시 돋고, 연한 새살을 가지고 살아간다.

2.

작년 4월, 어쩌다사춘기가 나름의 자립을 한 지 1년

이 지났다. 그때쯤에 어사 근황에 대한 질문을 받았다.

"그럼 지금은 멤버가 몇 명이에요?

그 질문에 솔직하게 "3명이요."라고 말했던지, 아니면 낙관성 혹은 과장을 섞어 "4-5명이요."라고 대답했는지는 기억이 나지 않는다.

"어쩌다가 그렇게 줄었어요?"

걱정의 말과 표정은 다시 나에게 대답해야 할 질문으로 남았다.

그러게요. 어쩌다가 이렇게 됐을까요? 작년까지의 나는 '어사가 잘 유지되지 않는 이유'를 찾아다녔다. 원래 어사는 시의 지원을 받아 만들어졌고 내 기억으로는 20명 이상은 모임에 참여했으며, 선생님도 계셔서 나름 단체 같았다. 시간이 지나면서 20대 초중반에 만났던 멤버들이 하나둘씩 자연스레 모임을 떠나갔고, 코로나로 대면 모임은 온라인 모임으로 진행했다. 우리의 지속성을 너무 믿은 나머지 '선생님 수업 없이도 우리끼리 할 수 있겠다.'하고 나서 선생님 수업을 멤버들이 돌아가며 진행하는 수업 형태로 바꿨는데, 결과는 처참했다. 그 후, 어사가 잘 유지되지 않았던 이유를 '시의 지원이 없어서', '선생님이 안 계셔서', '멤버들이 공부를 게을리해서' '코로나 때문에'라고 생각했다.

철학자와 하녀들 본문에 나오는 '고유의 힘을 이해하게 된' 수유너머의 예시를 보고 생각이 퍼뜩 들었다. 어사의 고유한 힘을 이해해야 했다. 어찌 됐든 어사는 2016년도부터 지금까지, 오늘 여기에서 만남을 유지하고 있었다. 위의 언급된 여러 가지 이유에도 불구하고 오늘도 함께 읽고 쓰고 이야기를 나누고 있었다. 심지어 최근에 모임에 임하는 마음이 예전보다 훨씬 편안했으며, 가장 솔직한 이야기를, 심지어 내 약점이 될 수도 있는 이야기를 마음껏 드러내는 안전한 곳이 이곳 어사였다. 작년(2022년) 4월쯤 내 안의 동력은 완전히 부족해졌다. 어사뿐만 아니라 학원에서의 일도 버거웠다. 어사 모임은 몇 달 쉬었다.

그 뒤, 8월부터는 백투더북샵에서 정기적으로 모임을 시작했다. 옥구샘이 모든 일을 맡아주었다. 백투더북샵에서 정기적으로 모임을 진행한 지도 딱 1년이 되었다. 이 모임이 오늘도 지속될 수 있었던 것은, 물심양면으로 모임을 이끄는 옥구샘 덕분이고, 함께 알아간 시간 동안 모든 모임을 부지런히 나와주고 빠짐없이 글을 써왔던 희주샘 덕분이며, 긴 시간 동안 어사 모임을 기다려주고 작년 8월 새로운 시작을 도와주었으며 부지런히 쓰는 삶을 사는 록담샘 덕분이며, 따뜻한 문장들로 매 모임을 싱그러운 청록색으로 바꿔주는 하정샘 덕분이며, 통찰이 있는 물음을 던져주는 우주샘 덕분이며, 인스타에 다정한 코멘트를 달아주고 솔직한 글을 나눠준 유자샘 덕분이며, 그때나 지금이나 어사를 항상 지지해 주고 도움을 주시는 은주샘 덕분이다. 새출발을 백투더북샵과 함께 했으니 백투더북샵지기님 덕분이기도 하다.

고유한 힘을 보는 건 쉽지 않다. 곤경이나 약점은 아주 작더라도 온몸을 뒤흔들고 내 세상의 축을 바꿔놓는다. 유년 시절 동안 잘못된 행동을 교정받거나 학창 시절 동안 틀린 문제의 오답을 정리하는 데에 익숙한 탓인지도 모른다. 우리는 곤경이나 약점을 바로잡으려고 한다. 하지만 삶의 문제를 오답으로 간주하지 않으면 오답 정리할 필요도 없다. 지금과는 다르게 살고 싶다는 욕망이 치닫더라도, 지금을 부정하지 않고 한 발자국 나아가는 연습이 필요하다.

책에서 "고유한 '힘'을 이해하고 나서야 우리는 그 자체에서 수반될 수 있는 '약점'이나 '곤경'을 아무런 '악의' 없이 그대로 볼 수 있게 된다."라는 문장을 읽자마자 어사의 이야기를 풀어내고 싶었는데, 막상 어사의 이야기로 시작하기에는 용기가 필요해서 익숙하게 해

왔던 유년 시절 이야기를 꺼냈다. 오늘이라도 어사 이야기를 쓰게 되어서 다행이다.

여러분들은 고유한 힘을 바라보려는 실천이나 체험을 해본 적이 있나요? 사소한 것이라도 좋으니, 구체적이고 생생하게 여러분의 이야기를 들려주기를 바라겠습니다. 오늘도 감사합니다.

안녕하세요, 감사합니다

1.

3분 전… 잠시 후 도착

이제 곧 오겠네.

버스는 버스 정류장 차선에 들어오지 않은 채 정류장을 지나친다.

잠깐만요!

버스가 멈춰 섰다. 날 못 보고 지나쳤나 보다. 그럴 수도 있지.

다행이다 생각하고 버스에 올라서자마자 문이 닫힌다. 뒷머리에 버스 문이 닿을 뻔했다는 착각이 들었다.

삑

감사합니다.

버스 타는 데에 생각지도 못한 노력이 많이 들었다. 버스가 빠르게 달린다. 긴장되었다. 넓은 도로라서 이렇게 빨리 달리는 건가. 아니면 이 기사님이 유독 빨리 달리는 건가. 오랜만에 버스를 타서 그런가, 몇 년 전에는 매일 탔었던 버스가 어색하게 느껴졌다. 정류장마다 나지막이 "아이씨."라는 말이 들려왔다. 내가 버스를 탈 때에도 저러셨을까. 올라타는 승객들은 나처럼 "감사합니다."하며 탔다. 역시 버스 앞문은 빠르게 닫혔고, 승객이 자리를 잡기도 전에 출발했다.

○○운수에서 기사님을 모십니다.
쾌적한 환경에서 즐겁게 일하실 분을 모십니다.
휴식 시간 보장
탄탄한 복지…

버스 운전석 뒤에는 채용 문구가 깔끔하게 쓰여 붙어 있었다.

2.

최근 몇 년 동안 거의 매일 타는 마을버스가 있다. 버스의 기사님들은 항상 친절하시다. 내가 타는 정류장 앞에는 기사님들 몇 분이 모여있고, 그중 한 분은 그전 기사님과 교대하신다. 서로 주고받는 안부 인사와 웃음이 함께한다. 버스는 아주 좁은 골목까지 운행한다. 사람과 차가 양쪽으로 빡빡하여 외길처럼 보이는 길에, 버스는 그야말로 자연스럽게 나아간다.

  비가 많이 오는 날이었다. 퇴근길에 편의점에 들러 간식을 샀다. 간식은 들고 있던 쇼핑백에 넣었다. 버스가 도착했고, 버스를 타서 카드 지갑을 태그 하는데, 아무 반응이 없었다.

  잠시만요….

  들고 있던 쇼핑백들을 잠시 바닥에 내려놓았다. 비를 잔뜩 머금은 우산도 함께 기대 세워놓았다. 카드지갑을 열어 버스카드를 찾기 시작했다. 카드가 보이지 않는다. 우산과 쇼핑백을 주섬주섬 들었다.

  죄송해요. 카드가 없네요. 다음에 내리겠습니다.

  다음 정류장에 내린다.

  오늘따라 짐은 왜 이리 많은지. 한 손엔 우산과 쇼핑백을 들고 짐 사이를 이리저리 뒤적거린다.

  빵

  작은 경적이 들렸다.

  집에 어떻게 가지. 비도 오는데, 이미 다 젖었으니 그냥 걸어가면 되는 걸까.

  빵

  경적이 다시 들렸다.

우산이 머금고 있던 빗물이 쇼핑백에 스며든다. 빗물에 너덜너덜해지고 있다. 이러다가 집 가기 전에 쇼핑백이 찢어지겠네.

빵

경적이 나는 곳을 쳐다봤다. 아직 버스가 출발하지 않고 기다리고 있었다.

그냥 타요.

아… 근데…

괜찮아요. 얼른 타요!

우산과 쇼핑백을 다시 들고 버스를 탔다.

집에 오는 몇 분 남짓 동안, 가시지 않은 당황스러움과 안도감, 감사함에 몸이 반쯤 떠 있는 것 같았다. 걸어가면 10분도 넘게 걸렸을 텐데. 참 감사했다. 나는 다른 사람의 배려와 인내 덕분에 살아가는 게 분명했다.

감사합니다.

쓰다

페파피그 교실 사진

"선생님은 왜 페파피그 장난감을 사놓고 안 가지고 놀아요?"

페파피그 영상으로 수업하면서, 페파피그 애니메이션이 좋아졌다.

'페파피그 피규어 및 장난감 팝니다.'
'많이 안 가지고 놀아서 깨끗한 편입니다.'

당근마켓에 올라온 페파피그 피규어를 샀다. 투명 정리함도 사서 피규어들을 정리해두었다. 내 등 뒤를 가득 채운 피규어를 보면서 학생들은 자기도 갖고 싶다며, 어디서 샀냐며, 관심을 보였다. 명랑한 색감의 피규어를 채운 덕분에 나도 교실이 한층 사랑스러워졌다고 생각했다. 교실을 소소한 것들로 채울수록 교실에 대한 애정도 높아졌다.

몇 개월이 지나자, 피규어의 분홍색과 파란색도 교실 안의 흰색과 회색과 비슷해졌다. 일상의 색으로 바래졌다.

"어른들은 참 이상해요. 장난감을 사놓고는 안 가지고 놀아요. 그냥 저렇게 둘 거면 장난감을 왜 산 거예요?"

난 무엇으로 어른이 되었다고 할 수 있을까 궁금했던 적이 있다. 이제는 답을 안다. 아이에게 어른으로 지칭될 때, 나는 어른이 되었다. 어린왕자에 나오는 어른 혹은 모모에 나오는 회색 신사가 되었다.

더 이상 장난감을 가지고 놀 줄을 모르니, 장난감을 쓸 방법도 모르고 돈만 썼다. 이제는 이걸 왜 사고 싶었는지 기억도 까마득하다.

"예원아, 아이패드 줄까? 가지고 놀래?"

예원이는 절레절레한다. 예원이는 매일 종이 한 장, 포스트잇 몇 장, 테이프 조금을 가지고 학원에서 시간을 보낸다. 어느 날은 종이에 그림을 그리면서 놀고, 어느 날은 포스트잇 몇 장으로 상자를 만들며 논다. 테이프는 한 장일 때에는 투명한데 겹치다 보면 노르스름해진다며, 여러 장을 겹치더니 '황금 테이프'라는 이름을 붙여준다.

요즘 예원이랑 함께 저녁을 먹는다. 나는 마음이 급해서 그냥 한두 술 뜨고 마는데, 예원이는 밥 먹을 때도 뭐가 그렇게 좋은지 계속 말을 하다가 웃다가 반복한다. 나는 "장난치지 말고 얼른 먹어."라고 말한다. 그러다가 흠칫하고는, "아니다, 그냥 마음대로 먹어. 장난쳐도 돼."한다. 예원이와 눈 마주치며 대화하지 못하거나

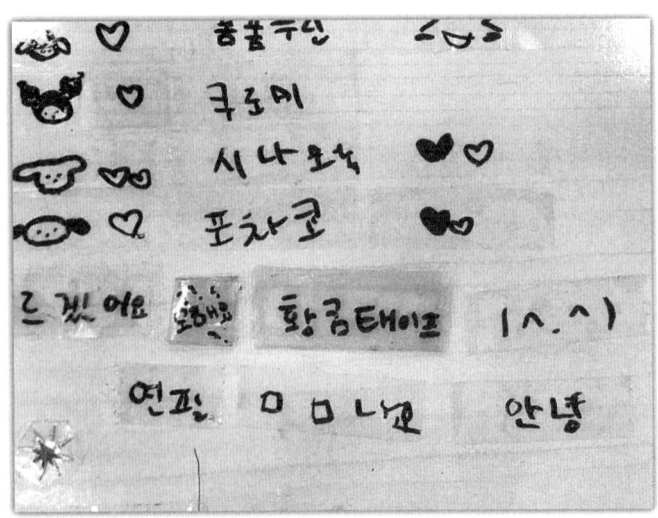

황금 테이프 사진

함께 놀고 시간 보내지 못한 것을 가장 후회할 것 같아서, 일을 최대한 미루는 연습을 하고 있다. 노는 것도, 시간을 여유롭게 보내는 것도, 시간을 소중한 사람들에게 쓰는 것도 노력하고 연습해야만 근근이 할 수 있다. 이미 이상한 어른이 되어버렸지만, 조금이라도 덜 이상한 어른이 될 수 있을까.

기댈 곳이 없어도

요 몇주는 이부자리에서 밍기적 대지 않고 벌떡 일어났다.

한동안(한동안이라고 말하기에는 대략 5년 이상 지속되었다.) 기상 시간이 큰 고민이었다. 늦은 출근 시간 덕분에 비교적 널널한 아침 시간을 보낼 수 있었지만, 아침에 눈 뜨기는 어려웠다. 단순히 늦게 일어나서 문제라기보다는, 잠에서 깬 지 오래지만 눈 뜨기는 싫은, 그러니까 오늘의 시작을 미루고 싶은 음습한 마음의 상태 때문이었을 지도 모른다. 새로운 하루를 기대하기보다, 해야 하는 혹은 할 일들이 내 눈꺼풀을 무겁게 눌렀다.

요즘 맑은 정신으로 눈을 뜨게 하는 두 가지 이유가 있다.

첫째는 공모주 청약이다. 4년 전쯤 사회생활을 2~3

년 정도 했을 때, 대학교 동기들은 하나둘씩 재테크에 관심을 두기 시작했다. 주식도 가벼운 일처럼 다들 하고 있었다. 난 한번 빠지면 완전히 몰입하는 내 성향을 알기 때문에, 재테크나 주식은 일부러 더 멀리했다. 그런 나에게 친구들은 "공모주 청약이라도 해봐."라고 했고, 며칠 동안 공모주 청약 유튜브를 보면서 공부했다. 그러다가, '너무 돈만 좇는 거 같아!' 하면서 그만뒀다.

 작년에는 하던 일을 많이 내려놓았고, 급여도 처음으로 적어지는 경험을 했다. 그전까진 일을 더 많이 하고 키워가면서 급여를 높이는 게 자연스러웠다. 작년엔 몸과 마음이 너무 힘들어서 다 내려놓았고 다행히도 다시 회복할 수 있었다. 이제 몸과 마음이 편해지니 마음은 돌연 편안과 매너리즘 사이의 어디쯤 안착했다. 매일의 소소한 일들이 귀찮게 느껴지기도 했다. 그러던 중, 구독해 놓은 유튜브 공모주 청약 채널을 보게 되었고, 어차피 적은 돈이니 한번 경험 삼아 공모주 청약을 하게 되었다. 주식장은 오전부터 열리니, 약간의 긴장감과 의무감으로 아침에 눈을 뜨게 되었다. 9월부터 시작해서 소소한 용돈 정도를 벌고 있는데, 이 적은 돈이 가끔은 꽤 큰 힘이 된다. 예컨대 일에 문제가 생겼을 때, 부수입이 있으니 조금은 가볍게 대할 수 있게 되었다. 나와 일 사이에 틈이 살짝 생겼다.

두 번째 이유는 첫 번째 이유보다는 덜 긴장감이 있지만, 내 하루를 조금 더 풍족하게 채워준다. 바로 식물이다. 나에겐 3년 정도 키운 스투키가 있었는데, 이 아이들은 참 순해서 가끔 물만 주면 새끼도 잘 낳는다. 첫 자구를 봤을 때는 정말 신기했다. 3년 동안 자구를 두 번 분리해서 동생에게 입양 보내기도 했다. 그러면서 식물에 대한 자신감과 애정이 조금씩 생겼다.

스투키 사진

얼마 전에는 유묘들을 무료로 분양받았다. 대부분 아주 작았고 약간은 시들한 아이들도 있었다. 분갈이를 해주거나 해를 보여주고 물을 줄 때마다 하루가 다르게 쑥쑥 크고, 며칠 만에 신엽까지 보여주는 순한 아이들이 됐다. 물론 너무 아픈 아이도 있어서 볼 때마다 신경 쓰이고 걱정되기도 하다. 식물도 사람처럼 규칙적으로 해를 보여주면 좋다고 해서 아침에 눈 뜨자마자 커튼을 치고 창문을 열어서, 창틀 사이에 화분들을 쪼르륵 정렬한다. 조금이라도 일찍 일어나서 햇빛을 받게 해주고 싶어서 아침에 정신이 드는 대로 곧장 일어나려고 한다. 가을 햇살은 참 따스하고 바람도 솔솔 잘 불어서, 식물들 자리 정돈만 해도 정신이 맑아진다. 목이 말라 보이는 아이들에게는 물을 주고 잎 상태도 보다가, 식물들 옆에 앉아서 아침 시간을 보낸다. 기상 시간은 1~2시간 정도 빨라졌고 아침을 맞이하는 마음이 한결 상쾌하고 가볍다.

    요즘엔 이렇다 할 고민도 없고 그렇다고 엄청난 감동을 하지도 않아서, 이번엔 어떤 글을 써야 할까 끄적끄적 요즘의 나를 되짚어보다가, 큰 고민 없고 몸과 마음 건강하니 이보다 얼마나 좋을 수 있을까 싶다. 지금의 내 모습들에, 대학 동기들 한 스푼, 식물에 함께 관심 가져주는 가족들 한 스푼, 하정샘이 들려주는 식물들과 함께 살아가는 생생한 이야기들 한 스푼이 스며들어있다. 마음이 힘들 땐 어디 기댈 곳이 있었으면 좋겠다 싶었는데, 요즘엔 도처에 좋아하는 것, 마음 가는 것투성이라서, 마음을 그곳들에 조금씩 두고 살고 있다. 기댈 곳이 필요 없는 지금의 마음이 오랫동안 계속되면 좋겠다.

마음이 보인다면

"엄마, 엄마."

예원이가 밥을 먹다가 우는 시늉을 한다.

몇 번 엄마 엄마 하더니, "엄마 보고 싶다."라고 한다.

"그럼 엄마한테 '보고 싶다'라고 메시지를 보내면 돼."

나는 단조롭게 정답을 알려준다.

"말하고 싶은데 안 돼요. 말이 안 나와요."

"이모가 예원이한테 사랑한다, 보고 싶다, 하는 것처럼 하면 돼. 말하지 않으면 마음을 모르는 거야."

예원이는 아리송한 표정을 짓는다. 말하지 않아도 마음 알아줬으면 하는 마음인 걸까.

한동안 아이들 양육에 있어서 '마음 읽어주기'가 화두였다. 아이들의 마음을 최대한 들여다봐 주고 소통해야 한다는 의미이다. '과도한 마음 읽어주기'는 아이들이 자기중심적으로 되기 쉬우며 아이들의 사회화에 좋지 않다는 이야기도 있다. 아이들을 어떤 방식으로 대하는 게 맞는지는 모르겠지만, 한 가지 분명한 건 아이들에게는 많은 시간이 필요하다. 어른들이 "안돼."라고 하면 아이들은 "왜요?"라고 물어오는데, 어른들은 "안되는 건 안되는 거야."라면서 전혀 논리에 맞지 않은 주장을 당당하게 하게 한다. 왜 그래야 하는 건지 알려주기는커녕, 가끔은 어른이란 이유로 부당한 명령을 하는 것 같다. 바쁘다는 핑계를 댈 수도 있을 테다. 대체 어른들은 그 많은 시간을 어디에 쓰고 있는 걸까.

난 어릴 적 떼쓰지 않는 아이였다. 내가 떼쓰지 않은 건 떼쓸만한 일이 없어서가 아니라, 떼쓰지 못하게 만드는 환경 때문이었다. 어린 시절부터 하고 싶은 말을 못 하고 꾹 참고 사는 게 어떤지 몸소 경험한 덕분에, 아이들에게 충분한 시간을 들여 생각을 들어주고 설명해 주고 싶다.

지금의 예원이는 하고 싶은 말을 잘 하지 않는 편이고, 꼭 해야 하는 필요한 말을 하는 것도 어려워한다. 간단한 인사나 표현을 힘들어할 때가 있다. 자신의 솔직하고 깊은 감정을 표현할 때는 거의 없다. 그래서 예원이가 "엄마 보고 싶다."라고 할 땐 놀랐다. 예전에도 비슷한 말을 한 적은 있지만, 그때에는 내가 "예원아,

엄마가 보고 싶어?"라고 물었고 예원이는 "네."라고 대답했을 뿐이다. "언제 보고 싶은데?"라는 물음에 "매일매일이요."라고 대답했을 때도 조금 놀랐었는데, 이번엔 스스로 "보고 싶다."라고 말했다. 직접 마음을 전하는 날도 언젠간 오겠지.

    예원이를 데려다주면서, 엘리베이터를 붙잡고 예원이가 현관문을 여는 걸 보고 있었다. 예원이가 다시 종종걸음으로 돌아와서 내 품에 쏙 들어오더니, 고개를 빼꼼 내밀고는 열림을 누르고 있는 내 손 옆으로 1층을 눌러준다. 말하지 않아도 예원이의 마음을 느낀다.

세상에 예쁜 것

"엄마."

예원이가 작지만 또렷한 목소리로 말한다. 예원이는 부끄럽거나 말하기 민망할 때 목과 몸을 살짝 앞으로 숙여서 얼굴을 가까이 대고 말한다. 목소리는 작지만, 전하고 싶은 마음이 클 때 쓰는 방법이다.

"응?"

나는 예원이의 말을 이해하지 못해서 되묻는다. 엄마가 보고 싶다는 걸까? 아니면 나를 잘못 부른 걸까?

"엄마, 언제 와요?"

"아, 엄마는 내일 아침에 11시에 너희 데리러 갈 거야."

이왕 데리고 오는 거 토요일 아침이 아니라 금요일 저녁부터 데리고 와서 주말을 꽉 채워서 함께 시간을 보내면 좋으련만. 이번 주말은 나도 다른 할 일들이 있고, 그래서 금요일 밤에도 자정이 다 되어서야 퇴근했으니, 어쩔 수 없었다.

크리스마스 연휴를 기념하러 광화문역에 갔다. 점심을 먹고 서점만 들렸을 뿐인데, 가족들은 지쳤다. 몹시 춥던 요 며칠에 비하면 날이 많이 풀렸지만 겨울은 겨울이었다. 서점에 가득 찬 인파도 한몫했다. 추위에 떨고, 사람들에 치이느라, 이제는 앉아 쉴 곳이 간절했다. 예원이와 교빈이는 다리가 부러질 것 같다고 했다. 근처 카페들은 이미 가득 찼다. 두세 군데의 카페를 둘러보다가, '우리나라에 멈춰 쉴 공간이 없다는 게 이런 말이구나!' 했다.

"우리는 대체 언제 앉을 수 있어요?"

계속되는 카페 찾기에 교빈이가 물었다.

다행히도 한 카페에 자리 잡을 수 있었다. 이 카페는, 외부 복도에 넓은 마루가 있어서, 카페에서 산 음료를 마루에서 마실 수 있었다. 광화문 광장과 청계천 일대의 빛 축제까지는 2시간이 남았다. 엄마는 빛 축제를 기다리고 있었다.

"애들 힘들다고 하면 애들은 여기에서 쉬라고 하고, 나랑 엄마만 빛 축제 보고 올까? 빛 축제 다 보려면 최소 30분 정도는 걸어야 할 거잖아."

"그래. 그게 낫겠다."

"예원아, 다리는 이제 안 아파?"

"조금 아파요."

"그럼 밖에 빛 축제 보러갈 수 있겠어? 힘들면 여기에서 쉬고 있어도 돼."

"보러 갈래요."

모자와 귀마개, 목도리와 마스크까지 나갈 채비를 단단히 하고, 빛 축제로 향했다.

"우와!"

예원이와 교빈이, 엄마와 동생까지, 반짝이는 조명을 보자마자 탄성을 발했다.

빛 축제를 구경하는 모든 사람은 밝게 웃고 있었고 모여있는 사람들 덕에 추위도 가셨다.

"저거 제 폰으로 찍어도 돼요?"

"물론이지."

예원이와 교빈이는 각자의 휴대폰으로 조명을 찍었다. 휴대폰을 능숙하게 다루고 사진 찍는 모습을 보며, 새삼 아이들이 컸구나 하는 생각이 들었다.

"예원아 교빈아, 너희 찍은 사진은 가족톡방에 올려줘."

예원이와 교빈이가 엄마, 아빠, 동생과 나를 톡방에 초대해서 '가족만 할 수 있는 카카오톡 방'을 만들었었다. 이제 놀러 갔다 온 사진도 공유할 나이가 됐다.

"교빈아, 여기 좋아?"

"네."

"이모도 교빈이랑 여기 와서 너무 행복해."

춥고 고단했던 하루가 반짝거리는 불빛 덕분에 행복한 추억으로 바뀌었다.

고사리 되기

이런 Money 저런 Power 그것만 따, 따, 따, 따라가다 / 어른들이 짠해 보여 그들은 정말 행복하지 않아(레드벨벳-행복 중에서)

처음 이 노래를 들을 때쯤엔 '저런 어른들은 정말 짠하겠다.' 싶었는데, 지금은 내 자신이 '짠하다'라는 사실을 받아들여야 한다. 자기 연민이라기보단 '진짜 어른'이 된 감각에 가깝다.

어리다고 안 힘든 줄 아는 어른들 / 어릴 때가 편하다고 하는 너희들 / 좋을 때라 좋아야만 하는 건 아니야(슈뻘맨-슈뻘맨과 행복 찾기 중에서)

조카의 메신저 대표 음악을 들으며 나도 모르게 피식 웃었다. 나의 어린 시절은 저 멀리 지나갔음을 느낀다.

몇 년 전 어린왕자를 읽었을 때, '나는 어른일까?' 궁금했는데, 이제 어른인지 아닌지 헷갈리는 시기는 지났고, '그나마 나은 어른'이 될 방법을 마련할 때다.

지금 나의 그림자가 나풀거린다. 그림자가 섰다고 말하긴 어렵고, 지면에 살짝 떠 있다. 그림자가 서진 않았기 때문에 그것을 따라갈 일은 없다. 지금보다 어렸을 때는 그림자가 분명 섰던 적이 있었던 것 같은데. 어릴 적의 내가, 지금의 나를 본다면, 그림자가 서진 않는 삶이니 다행이라고 생각할까.

20대 중반 쯤에, "33살부터는 듣던 노래만 듣는다."라는 말을 들었을 때는, '나의 33살은 절대 이렇지 않을걸.'이라고 생각했다. 그러나 몇 년 지나지 않아서, 어린 시절 보았던 꼬마마법사 레미, 이상한 나라의 폴, 카드캡터 체리 같은 만화영화를 검색하는 일이 잦아졌다. 2016년에 발매한 리아나의 가장 최신 앨범 'ANTI'는 문서 작업을 하거나 책을 읽을 때마다 듣는다. 리아나의 신보는 더 이상 나오지 않았고, 나의 플레이리스트에도 듣던 음악만 가득하다.

보통 20대의 범주란 '불안정함', '새로움', '시도', '방황' 정도였고, 나는 그것을 딱히 부정하지 않았는데, 30대의 범주 안에 들어가는 건 유쾌한 일이 아니었다. 매주 신보를 찾아 듣고, 내한 공연을 꿰고 있는 일은 이제 없다.

내 취향은 확고해진 걸까, 게을러진 걸까. 삶은 단단

해졌는가 아니면 얄팍해졌는가. 분명한 건 이전의 반짝반짝하고 날카로웠던 때를 종종 추억한다는 것이다. 부드러워지거나 조금은 둔해진다는 게 먼일로만 느껴졌는데, 끝나지 않을 것 같았던 예민했던 사춘기 시절이 지나갔다. 이제는 더는 둔해지면 안 된다는 절박함이 생겼다. 안정의 옆에는 권태가 딱 달라붙어 있어서, 조금만 위태해져도 안정은 쉽게 권태가 된다.

요즘 키우는 식물 중에 고사리에게 마음이 간다. 고사리는 대체로 하늘거리는 잎을 가지고 있고, 고생대부터 살아온 생명력 덕분인지, 물만 꼬박꼬박 주면 실내에서도 잘 자란다. 모든 잎을 잘라내는 삭발식을 거치고도 새잎을 금방 내는 고사다. 그림자가 이따금 흔들거려도, 고사리처럼 나풀거리면서 일단 끈질기게 살아보는 것만이 답이다. 해답은 없지만 살아갈 순 있을 테다. 고사리 네버 다이.

가리지 않고 끝을 맺는 법

〈*아무개님이 나갔습니다.*〉

메시지를 꾹 누른다.

가리기.

〈*채팅방 관리자가 메시지를 가렸습니다.*〉

공지나 안내의 목적으로 학생들과 단체 채팅방을 사용한다. 학원 수강을 중단하는 학생은 단체 채팅방을 나간다. 나가야 한다는 공지는 없지만, 마치 관계의 끝을 제대로 정리하겠다는 듯 대부분의 학생은 채팅방을 정리한다. 서로의 번호 채팅방에 새로운 사람이 들어오거나 나갈 때 알림 문구가 뜬다. 새로운 학생이 들어왔다는 메시지는 그냥 내버려두지만, 나갔다는 메시지는 가려서 보이지 않도록 한다. 메시지를 굳이 가려야 할 이유는 없지만, 다른 단체 채팅방에서 가리기 하는 것을 보고 따라 한다.

학원장 300명 정도 모인 단체 채팅방에 들어간 적이

있다. 들어오고 나가는 사람이 꽤 많았다. 들어오는 이가 자기소개를 하고, 서로 환영 인사를 주고받았다. 응당 나가는 이도 그동안 도움을 받아 감사하다는 인사를 하고 나간다. 그 단체 채팅방의 운영자는 그 메시지를 가렸다. 모든 퇴장 메시지를 가렸다. 나는 인사를 하지 않고 그 채팅방을 나갔다. 그 뒤로 나도 학생들과의 채팅방에서 학생들의 퇴장을 '가리기' 한다.

학원에서도 대부분의 퇴장을 '가리기' 한다. 보통 파트타임 선생님들은 6개월에서 1년 정도 근무한다. 선생님이 퇴사 할 때, 학생들에게 퇴사 사실을 알리지 않는다. 작별 인사도 하지 않는다. 퇴사 다음 날, 선생님이 자리에 없으면 아이들은 "아무개 선생님 안 오셔요?"라고 묻는다. 그때야 나는 무미건조하게 "응. 선생님은 학교 돌아가서 공부해야 한다고 하셔." 혹은 "응. 선생님 사정 있으셔서 이제 못 나오신대."라고 말한다. 마치 선생님이 퇴사한 것은 아무 일도 아니라는 것처럼.

선생님의 퇴사 사실을 알린 적도 있었다. 학생들에게 애정 넘치던 선생님은 아이들에게 손수 편지를 적어줬다. 그러고 나서 한동안은 "이 학원은 선생님이 왜 이렇게 많이 바뀌어요?"라는 학부모의 말을 들어야 했다.

그 당시 학원 수업은 매우 불안정했고, 나는 파트타임 선생님의 퇴사조차 설명하기 힘들 정도로 수업에 자신감이 없었다. 만약 학원 수업에 전혀 지장이 없다면 조금 더 당당하게 응대할 수 있었을까. 그 이후로 선생님들은 여러 번 바뀌었고 아이들과 단 한 번도 인사를 나누지 않았다.

내일은 1년 넘게 함께 일했던 선생님의 마지막 근무 날이다. 대부분의 파트 선생님은 요일별로 근무 하는데, 선생님은 감사하게도 거의 매일 수업을 함께 도와주셨다. 아이들도 알뜰살뜰 챙겨주셔서 항상 감사했다. 그만큼 아이들과도 각별하다. 선생님의 근무 종료일이 가까워질수록, 이 관계의 끝맺음을 어떻게 해야 할지 고민했다. 더 이상 '가리기'하고 싶지 않다. 공부하는 목적은 지식을 함양하는 데 그치지 않고, 나아가 여러 사람들과 관계 맺고 살아가는 데에 있을 테니까. 내일은 아이들이 작별 인사를 하고 이별하는 연습을 할 수 있도록 해야겠다.

마지막 수업 선생님께 드린 꽃

제로섬 게임이면 다행이겠다

월요일엔 어김없이 옅은 두통을 느낀다.
아, 출근하기 싫다.
혼잣말을 연신 외치다가 벌써 출근 시간 10분 전이다.
늦었다!
부랴부랴 집을 나선다.
몇 해 전부턴 출근이 고역이다.
특히 월요일.

선생님, 저 오늘 머리가 너무 아파서 쉴게요.
월요일에는 유독 아픈 아이들이 많다. 내가 월요일이 두려운 것처럼 아이들도 마찬가지겠지. 아이들은 나보다 일찍 하루를 시작하니 더 힘들 수도. 오후 1시에 출근도 겨우 하는데, 오전 9시까지 등교하는 건 쉬울 리가 없지. 그리고 아이들의 말마따나 나는 돈이라도 받고 일하지만, 아이들은 그렇지도 않으니.

근데, 적어도 너희는 아프면 쉴 수 있잖니. 그래, 난 돈 받고 일하는 거니까 아파도 참고 일해야 하는 거겠지.

아이들은 거의 매주 월요일마다 아프고, 학원에 나온 아이들마저도 기력이 몹시 떨어진다. 이제는 아프다는 연락이 그리 놀랍지 않고, 형식적인 걱정이 담긴 답장을 보낼 뿐이다.

집에 가고 싶어요.

수업을 시작하자마자 한 학생이 말한다.

나도 가고 싶어. 우리 할 거 다 하고 잘 가자. 네가 할 거 다 하고 집에 가게 도와주는 게 내 역할이잖니.

공부를 통해 모르는 걸 알게 되는 경험을 얻게 하고, 사람이 사람으로서 살아가기 위한 사회적 약속(보통은 등원 시간 엄수나 숙제 완료 여부 따위를 말하고, 종종 바른 글씨나 예의 있게 행동하는 법을 일컫는다.)을 배울 수 있도록 도와주는 역할을 하고 있다고 믿고 싶지만, 언젠가부터 원생수나 시험 결과에 목매달고 있다. 사명감은 흐릿해졌고, 이제는 아이들을 주어진 경쟁 레이스에 집어넣고 있다는 죄책감이 압도한다. 매달 초 찍히는 월급은, 한 2주 동안은 이런 죄책감을 없애

준다. 남은 2주 동안은 죄책감이 스멀스멀 올라오다가, 다음 달 월급은 다시 나를 '금융 치료' 해준다.

'대치동 초등 국·영·수 로드맵'에선 5살 때부터 영어 유치원으로 영어를 시작하고, 수학은 6살에 국어는 7살 때부터 시작해야 한다고 한다. 초4 때는 본격적인 대입 레이스의 시작이다. 이때부터는 내신이나 수능 중심으로 공부해야 하고 수학 공부 시간을 확보해야 한단다. 이곳 시흥 지역은 비학군지여서 이러한 로드맵을 살짝 빗겨나갈 수 있고 난 그 틈에 조금이나마 안도한다. 우리 학원 학생들은, 보통 초3-4학년에 학원을 처음 다니고, 고등학생이 되어서야 영어 학원을 처음 다녀보는 아이들도 있다. 중학교까지 취미로 예체능을 배우는 학생들도 많고, 학원을 아예 안 다니거나 학업에 그다지 많은 시간을 쏟지 않는 학생들도 꽤 있다. 대치동 로드맵에 들어갈 수 없는 학생들이 대다수이다.

나는 나에게 주어진 이 조금의 틈으로 무엇을 할 수 있을까. 현재에 대한 의심과 죄책감이 남아있다는 건 확실하다. 나는 돌아오는 월요일에 덜 아플 수 있을까. 아이들은 그럴 수 있을까. 우리는 누구를 위해 일하고, 누구를 위해 공부하는 걸까.

작가노트

이아영

  이번 에세이집에는 일 년간 쓴 모든 글을 올려보고 싶었다. 글을 '가리기(본문 '가리지 않고 끝을 맺는 법' 참고)'하지 않으려면, 글로 쓸 만한 삶을 살고 있는지 스스로에게 계속 물어봐야 했다. 읽고 쓰는 동안 감사함과 부끄러움이 반복된다. 실천을 행하고 있다고 믿을 뿐이다. 글을 쓴 뒤에도, 여전히 질문은 남는다. 어쩌면 삶은 질문으로 근근히 이어지는 게 아닐까. 답을 찾을 턱은 없고, 질문을 붙잡고 이어가는 삶이다.

3.

작가소개

차희주

아주 멀리까지 가보고 싶어
그곳에서 누구를 만날 수가 있을지
아주 높이까지 오르고 싶어
얼마나 더 먼 곳을 바라볼 수 있을지

작은 물병 하나 먼지 낀 카메라
때 묻은 지도 가방 안에 넣고서
언덕을 넘어 숲길을 헤치고
가벼운 발걸음 닿는 대로

끝없이 이어진 길을 천천히 걸어가네

김동률 노래, 출발

잘라라, 생각하는 그 상상을

정말 기가 빨리는 책이었다. 페이지를 넘길수록 강연 영상을 보는 기분이 들었다. 대학 강의를 듣는 느낌이 들었을 때는 재미있었다. 실제 강연은 보고 듣고, 질문하며, 보기 싫으면 딴짓하면서 들으면 되지만, 나처럼 상상을 동원하며 읽는 독자에게는 「잘라라, 기도하는 그 손을」이 썩 유쾌한 책이 아니다. 318p가 아니라 TED 강연 같다. 차라리 318분짜리 강연이면 방청객이 되어 "오~, 아~" 같은 추임새로 듣고 어영부영 내용을 이해하기 쉬웠을 것 같다.

영상 미디어에 익숙한 나에게 글보다 소리와 동영상이 편한 이유가 아닐까? '잘라라, 기도하는 그 손을'을 보면 내가 처음 접한 철학 책이 생각난다. 논어나 목민심서는 호기심에 읽어봤다가 그만뒀고, 대학 때 국가론을 대학 과제 때문에 읽었지만 그때도 느꼈는데 대단한 인내심이 필요하더라. 일단 책이라기보다는 중력이 들어간 어떤 것이다. 20살 때 읽은 철학은 고대 언어로 쓰인 돌판을 읽는 것처럼 이해할 수 없었다. 억지로 국가론을 읽을 때 그런 생각을 했다. 이 책도 그렇다. 책이 아니고 취객이 하는 말처럼 들렸다.

  책 제목이 파격적이라 마음에 들었다. 책 표지는 사람의 첫인상, 통성명할 때 받은 명함 같다. 저자 사사키 아타루는 칠판 앞에 서 있고, 나는 1학기 중간고사 전에 학교 강당에 앉아 강연을 듣는 상상을 한다. 상상 속 사사키 아타루는 10학번 대학생이고 나는 고등학교 1학년이다. 고등학생 1학년에게 공부 강연을 하러 왔다.

  PPT가 띄워지고 [잘라라, 기도하는 그 손을]이라는 문구가 적혀 있다. 강연자는 가볍게 날씨 이야기를 하더니 강연을 진행한다. 외국인이 강연해서 그런 건지, 공부에 관련된 내용이라 그런 건지 몰라도 약간 지루하긴 하지만 열심히 설명하고 있다. 이 연설자는 지친 기색도 없이 318분을 이야기한다. 공부하라고 이야기한다. 책을 읽으라고 이야기한다. 대학이 전부가 아니라고 어디서 들어본 것 같은 말을 한다. "꼭 대학을 가야 취업이 되는 건 아니야" 같은 말을 듣는다. 불만도 감탄도 할 수 없는 318분의 강연, 머릿속 물음만 잔뜩 떠오른 채로 강연이 끝났다.

마지막 질문이 있냐는 말에 나는 이렇게 대답할 것 같다. "사사키 아타루 강사님, 진도가 너무 빨라요! 무슨 말씀 하시는지 못 알아 듣겠어요!" 그러면 이렇게 반론할 것 같다. "지금은 무슨 말인지 모르겠지만, 살면서 알게 될 거야!" "무슨 개 소리야!" "왈가왈부하는군."

그릴 것이 너무 많아서 아빠 얼굴을 그리고 나니 잠이 들고 말았어요

두 사람의 끝없는 대화에서 드러나는 생각은 과연 일관성이 있는가? 그들이 실없이 내던지는 대화 속에서 내 생각이 멋대로 끼어들기도 한다. 정신없이 나누는 대화들 속에서 두 사람은 오히려 매우 자연스럽고 고요하게 보인다.

고고는 나와 비슷한 면이 많다. 그는 말도 횡설수설하지 않고, 세상에 질문을 던지며 몸으로 경험할 줄 아는 사람이다. 그리고 과감하게 실행에 옮기는 결단력도 있다. 반면, 나는 질문하며 세상을 몸으로 경험하지만, 때로는 과감하게 실행에 옮겼다가 후회하고, 자주 잡념에 빠지는 모습이 디디와 겹쳐 보인다.

이 둘이 찾는 고도는 대놓고 기다릴 수 없는 존재일까? 고도는 끝없는 바람일 수도 있고, 비정상적인 소망일 수도 있으며, 고고와 디디가 사는 시대에는 꺼낼 수 없는 존재이자 믿음일 것이다. 마치 그럴 것이 너무 많지만 한 가지도 온전히 건져내기 어려운 오늘날의 직업과 공부처럼 느껴진다. 전쟁이 일어나기 전에는 신분제를 거스르기 힘들고, 전쟁이 끝난 후 지금 이 순간에도 고용주와 노동자라는 신분제가 존재하며 벗어날 수 없는 현실이다.

사무엘 베케트조차 고도가 무엇인지 명확히 정의하지 못했다는 점에서 이 작품은 미완성으로 여겨진다. 혹은 일부러 채우지 않은 팩맨*의 마지막 조각인지 아무도 알 수 없다. 팩맨의 조각을 채우는건 끝을 의미하기 때문에, 만약 이야기가 완성된다면 이야기의 수명이 끝날지도 모른다.

그것은 어린 왕자가 찾은 양과 같고, 비행사가 바라는 모자 그림과, 코끼리를 삼킨 보아 뱀과 같으며, 인어공주가 목소리를 잃으면서까지 찾은 자유와도 같다. 카프카가 바퀴벌레가 되어버린 이유와도 연결될 수 있다. 꽃들에게 희망을에서 나온 애벌레들이 끝없이 오르던

---

*팩맨은 1980년대 아케이드 게임의 캐릭터로, 점을 먹으며 성장한다. 이 글에서는 인간의 끝없는 욕망과 미완성의 상태를 상징한다.

애벌레 산처럼.

  자유인지, 인정인지, 신분인지, 죽음인지 알 수 없는 빈 조각이 모두 고도이다. 아니면 이미 죽어버린 자들의 끝없는 후회의 굴레일지도 모른다. 두 당사자조차도 그 정체를 알지 못한다.

바보가 바보에게

 어째서 어리석은 사람들일까. 때로는 나보다 더 나은 생각을 하고, 때로는 더 좋은 위치에 있는 것 같다. 책을 읽는 내내 등장인물들이 바보 같은 행동을 할 때, 앞에서 천사의 실수로 세상의 바보들이 한 마을에 모여 살게 되는 것을 떠올리게 된다. "저래서 그렇구나" 이렇게 생각한다. 처음부터 방어 장치를 만들어 준 것이다. 바보니까. 때때로 그들이 부러웠다. 진짜 바보이거나, 어리석은 사람은 현실에서는 자신이 바보라는 것을 인정하기가 어렵다. 자신이 똑똑하지 않다는 사실은 자신이 살아온 환경 안에서는 받아들이기가 어렵다.

 책에 등장하는 헤움 주민들은 결혼도 하고, 아이도 기르며, 직업 활동을 하고, 삼삼오오 모여 앉아 토론을 한다. 해결하기 어려운 문제는 학자를 찾기도 하지만, 자기 안에서 해결책을 찾기도 한다. 그 행동들은 결코 바보스러운 행동이 아니다.

나는 한 번 깨지는 경험을 해야 아는 바보이다. 나는 주어진 환경에 불만을 품는 바보이다. 현재 내 불만은 정왕동에서 인턴 활동을 하며 집과 거리가 멀다고 느끼는 것이다. 새벽 6시에 일어나 출발해도, 8시 40분에 맞추기 위해 조마조마하다. 또 다른 불만은 내 인턴 업무와 관련 없는 일을 지시받을 때이다. 짜증이 확 치밀어 오르는 경험이 낯설어 당황했다. 그리고 나 스스로도 당황해했다.

'내가 왜 이렇게 화를 내지? 나는 사회복지사로 왔는데 이게 사회복지사일이야?!'라고 속으로 생각하며 불만이 가득 찬 생각이 나를 바보로 만든다. 3개월 동안 참 감사하게도 사회복지사가 어떤 일을 하는지, 사회복지사가 적성에 맞는지를 알 수 있는 귀한 기간인데, 자꾸 근무지 근처에 있는 아파트들을 힐끗힐끗 보게 된다. 그리고 입술이 삐죽 나온다. 되도록 이 생각까지 안 가려고 한다. '내가 정왕동에 살았으면 출퇴근이 편했을 텐데, 왜 엄마와 아빠는 아파트 단지도 많은 정왕동에 이사하지 않았지?' 같은 가시 같은 생각이 튀어나올 때마다 그 생각을 황급히 삼킨다.

그리고 몰려오는 생각들. '이게 다 내가 똑 부러지게 안 살아서 그런 거잖아. 30살이면서 너는 이것도 없고 저것도 할 수 없고, 다른 사람은 기본으로 하는 걸 아예 생각조차 안 하잖아. 아이도 없고 새로 가정을 꾸리지도 않으면서 무엇을 하고 싶은 건지 모르잖아.' 이런 생각이 들면 살짝 서글프다. 그리고 인생 우화의 내용을 생각하면서, '전혀 바보들이 아닌데?'라고 생각한다. 천사가 내 영혼을 자루에 담았어야지. 바보가 헤움의 바보는 바보가 아니라고 생각한다. 실은 헤움 주민들이 바보가 아니기를 바랐다. 공부를 열심히 안 한 것을 이렇게 아쉬워하는 이유가 무엇일까? 업무를 하면서 버거움을 느낄 때, '만약 공부를 잘했더라면 좀 더 수월하게 일할 수 있을 텐데.'라는 생각이 자동으로 튀어나오는 걸까? 잘 모르겠다.

생각의 늪

 처음엔 "철학자들은 하녀, 하인들에게 감사함을 느꼈을까?"라는 주제로 에세이를 쓰려 했다. 철학자와 그 주변의 하녀, 하인들의 고충에 대해 생각해 보았다. 그들은 소크라테스의 발을 닦거나 깎으면서, 소크라테스가 철학 공부하는 것에 방해가 되지 않도록 했을 것이다. 그건 참 어려운 일 같았다. 고충을 담은 책일까? 책 표지를 봤다. 작은 별들이 은하수를 이루듯이 있었다. 사람들은 노을이나 물결, 밤하늘을 보면서 엄청난 생각을 한다. 그게 철학이지. 그런데 그런 생각들은 너무 많이 하다 보면 머리가 아프다. 생각은 은근히 많은 칼로리를 소모하는 걸까? 억만 광년 떨어진 은하계의 소용돌이 무늬를 상상하는 것처럼 가끔 정리가 안 된다. 바쁜 일상을 살려면 가끔은 이런 생각들을 미루고 일에 집중해야 한다. 하지만 이놈의 뇌는 그때부터 '이제 이 생각은 하지 말아야겠다'는 생각에 얽매이게 한다. 새

하얀 이미지를 떠올린다. 문득 '미쳤다'라는 단어에 꽂혀서 미친 것에 대해 생각한다. 미쳤다는 건 무엇일까?

  요즘 어르신들을 돌보는 일을 하고 있다. 어르신들이 센터에서 이상한 행동을 할 때, 서로가 서로를 미쳤다고 이야기한다. '치매'라는 마음 아픈 단어에 숨어서 이들은 소리를 지르기도 하고, 화를 내기도 하며, 울기도 하고, 더러운 것을 만지기도 하고, 식탐이 많아지기도 한다. 그러면 서로 "젊었을 땐 안 그랬을 거야, 이상한 병이 와서 그런 거야"라고 안타까워하며 이야기한다. 그들의 머리가 까맸을 때를 상상해 본다. 배움에 대한 갈망이 있었을 그분들의 과거. 어르신들이 내 손이 곱다며 한 번씩 악수하고 잡아보신다. 이들도 한때는 이런 촉감이 익숙했을까? 일을 하면서 나잇값을 많이 생각한다. 나는 자립도, 결혼도, 육아도 하지 않고 이제 인턴으로 일하고 있다. 어르신들은 다 때가 되면 한다는 결혼, 육아, 자립에 대한 말은 또 다른 생각의 늪으로 초대한다. 생각할 때도 갈피를 껴야 한다고 느꼈다. 늪에 빠져나올 수 있게 하는 장치가 필요하다고. 이 갈피를 놓치면 우울증이 오는 걸까? 사람은 생각을 멈출 수 없는 것 같다. 『고도를 기다리며』에 나온 럭키를 회상한다. 그는 푸주처럼 행동했을까? 나는 누군가에게 푸주처럼 행동하는 것을 잊은 채 갈피 없는 생각을 나풀거린다.

예술 그림스도

 가만히 밤하늘을 본 적이 있는가? 흐르는 물을 가만히 본 적이 있는가? 버스 창밖에 비친 풍경을 멍하니 본 적이 있는가? 그렇게 멍하게 바라보면 몽글몽글 생각이 피어오른다. 살아오면서 겪은 경험, 미디어 등 다양한 생각들이 떠오른다.

 밤하늘의 별을 가만히 보고 있으면 다른 별도 보이고, 새로 볼수록 주변에 있는 별들이 보인다. 집 앞 하천에 흐르는 물을 보면서 예전에 공사하지 않았던 모습을 상상해본다. 그때가 더 물이 맑았었나? 떠올려 보며, 여기에 물이 있으니까 주변에 사는 들짐승들은 수분을 섭취할 수 있겠구나 같은 생각이 든다. 해가 질 무렵 버스에 타면서 보이는 가로등이 예뻐서 멍하니 바라본다. 매번 다르다. 우리는 매번 다르게 생각하고, 말하고, 느낀다.

 그런 섬세한 흐름을 담아낼 수 있는 예술은 그 흐름

을 담아낼 수 있다. 우리는 예술을 거창하게 생각하지만, 동시에 그림을 잘 그리고 싶어 하고, 글을 잘 쓰고 싶어 하며, 춤을 추고 가락을 느끼고 싶어 한다. 우리는 예술과 함께 탱고를 추듯 미끄러지면서 아슬아슬한 춤을 춘다.

불과 물이 만나면 증기가 되는 것처럼, 만화는 멍하게 있는 사람에게 한 편의 스토리를 심어준다. 거짓말하면 코가 늘어나는 목각인형 이야기 속 인형에게도 꿈과 사랑이 가득한 파란 나라가 기다리고 있다. 정적인 세상에 꽃과 나무를 심듯이 우리는 예술을 갈망한다. 그 형태가 무엇이든 상관없다. 피아노맨의 가사처럼, 반 고흐 이야기를 담은 빈센트의 노래 가사처럼, 예술과 우리는 뗄 수 없는 관계이다.

나는 예술과 친구로 지냈었다. 크레파스로 그린 문을 통해 어느 곳이든 여행을 가는 동화책이 있었다. 나는 그것이 좋은 놀이거리라고 생각했다. 그림을 그리면 그것으로 놀이를 할 수 있었다. 비슷한 스토리를 가진 동화는 모두 좋아했다. 아빠와 크레파스, '파란 나라' 같은 노래는 나를 즐겁게 했다. 7살이 됐을 무렵, 나는 벽에 낙서를 그렸다. 그 아이는 내 친구라고 생각했다. 내가 빨간색 옷을 입고 있으면 빨간색 색종이를 오려서 같은 옷을 입혀주고, 내가 요구르트를 먹고 있으면 그림에도 음료수를 그려줬다. 1학년이 될 무렵, 부모님께 그 아이를 들켰는데, 감사하게도 그 벽지를 잘 잘라서 거울에 붙여주셨다.

그렇게 나와 그림은 친구이다. 그래서 그럴까, 그림 그리는 공책이 목숨만큼 소중했다.

최근 00 축제 부스 운영 활동을 했다. 빈 카드에 그림 그리는 활동이었고, 나와 참가자가 각자 그림을 그리고 서로 교환하는 활동이었다. 다들 어려워했다. 잘 그려야 한다는 생각이 작용한 것일까? 장난기가 많은 방문객은 내 모습을 그리며 서로 시시덕거리면서 즐겼다.

그림을 그리는 시작이 어떤 것이든 즐거웠지만, 결국 장난을 치는 용이 되는 것이 살짝 기분이 나빴던 적이 있다. 놀리는 목적으로 그리는 그림은 싱글싱글 웃으면서 잘 그려지는데, 왜 그냥 그려보라고 하면 어렵다고 하시나? 그대들은 자유롭게 잘 생각하고 잘 표현하는데, 왜 어려워하고 버거워하는가?

나도 그 점이 제일 슬프다. 예술을 좋아하면 뭐하나. 그것을 좋아하는 만큼 두꺼운 콩깍지를 줘서 그걸 진심으로 사랑하게 해줬어야지.

책과 나

　나와 책은 떼려야 뗄 수 없었을까? 아직 내 집에는 어릴 적 사용했던 손바닥만 한 그림책들이 있다. 내가 돌반지로 바꿨다는 세계 명작 동화책과 과학 도서, 몬테소리, 피카소 동화책, 나라 꼬맹이 영어 방과 같은 동화책들을 바라보면 어린 시절을 자연스럽게 회상하게 된다. 엄마는 내가 1살쯤 영어 테이프를 들었을 때, 마치 모빌을 구경하는 것처럼 신나하고, 테이프 소리를 따라 기어가며 잘 놀았다고 하셨다. 그래서 엄마는 내 돌반지로 책을 바꿨다고 한다. 동화책의 내용은 내 놀이감이 되었다.

　호두깎이 인형 동화 내용처럼 손 인형의 입에 호두 대신 유리알을 집어넣고 동화책의 내용처럼 놀았다. 어렸을 때 봤던 동화책이 내 특정한 성향을 키워주었다. 하나는 3살 무렵 우리 집 아래층 언니네에 놀러 가서 읽은 동화책으로, 어린이가 잠자리에 분필을 가지고 마녀와 싸우는 내용이었다. 아쉽게도 그 동화책의 이름은 모르겠다. 또 하나는 엄마가 '좋은 소리'라는 잡지에서 본 창작 동화였다. 또래 아이가 벽에 낙서를 하는 이야기인데, 나도 내 벽에 내 친구라고 만든 낙서가 있었다. 5살에 이사한 아파트에서 거울을 통해 동화책 나라에 들어가고 싶어서 그렸던 기억이 난다. 부러진 크레파스로 벽에 걸린 거울을 대고 그렸다. 거울 뒤의 낙서는 내 상상의 나래로 가는 문이자 친구였다. 거울을 살짝 들면 눈에 반딧불이 들어간 여자아이 낙서가 내 첫 창작 활동으로 기억된다. 거울 뒤의 낙서가 어떤 모습이었는지 기억나지 않아 아쉽다.

나는 초등학교 저학년까지 그림을 그리고 글 쓰는 것을 그다지 좋아하지 않았다. 그림은 잘 그려야 하고, 글은 맞춤법을 조심해야 하며 받아쓰기 채점을 받아야 했기 때문에 반감이 들었다. 동화책도 읽었던 책만 읽기를 좋아했고, 나머지 글들은 싫었다. 그나마 그림 삽화가 많은 책을 좋아했고, 그 외에는 흥미가 없었다.

2003년 초등학교 3학년이 되는 초여름날, 나는 자주 아팠다. 볼거리도 걸리고 감기가 심해 폐렴에 걸렸고, 폐렴이 천식으로 변했다. 병원에 입원하니 정말 심심했다. 동네 사람들이 장난감을 줬지만, 다 공부 관련 책이었다. 3살부터 함께 놀던 언니가 나에게 도라에몽 만화책 몇 권을 빌려줬다. 만화책을 실제로 본 것은 그때가 처음이었다. 그리스 로마 시대 말고도 만화책이 있다니, 10살 꼬마에게는 신기했다. 입원하기 전, 봄방학에 유치원에서 미술 프로그램을 했고, 거기서 다양한 그림을 그리는 시간을 가졌다. 봉사자 언니들이 "너는 만화가가 되겠다"고 말했는데, 이 말을 들은 지 6개월 만에 "아! 이게 만화책이구나" 깨달았다. 만화는 최고였다.

친구가 없어도 재미있고, 때로는 나를 웃겨주며 내용도 다양하고 만화 주인공들과 친구가 되는 상상이 나를 즐겁게 했다. 꿈꾸었던 상상을 현실로 만들었다. 지금도 아쉬운 점은, 내가 초2 때 만화가 꿈을 정한 그 해에 그렸던 작품들을 어렴풋이 기억만 난다는 것이다. 초등학교 5학년 때 내 낙서 일부분을 반 친구가 복합기로 복사해준 적이 있다. 그 메일은 아직 남아 있다. 그걸 보면 아쉽다. 사진기가 옛날엔 다 필름이어서 디지털 카메라는 비쌌다. 토이 카메라가 있었으면 찍어 두었을텐데 같은 생각이 든다. 내가 고등학생 때 슬럼프가 없었더라면 그 그림들이 다 살아 있었을 것이다. 사회복지와 만화, 예술의 길에 머뭇거릴 때 나는 내가 바보 같았다.

어른들의 말에 지쳐서 고등학교 3학년 때 울면서 그림 낙서를 북북 찢었다. 아쉽다. 내 만화 친구들이 갈기갈기 찢어졌다. 들은 말에 지쳐서 그랬을까 아니면 단지 그때의 내가 싫어서 그랬을까?

학창 시절 자주 쓰는 말이 있었다. '특종', '돌연변이 A형', '나도 나를 모르겠다.' 이 세 가지였다. 아쉽다.

그렇지만 지금 내가 더듬더듬 기억하지 않는가? 세상에 이쁜 것처럼 들꽃 향기가 난다. 나는 캔디도 아니고 앤도 아니고 포켓몬에 나온 지우도 아니다. 하지만 이 책으로 볼 때, 이 세상에 살던 사람은 내가 미래소년 코난처럼 보이지 않았을까? 학교에서 김구, 유관순, 오체불만족과 같은 권장 도서를 읽으며 자주 울었다. 눈물이 나는 이유는 나도 몰랐다. 나조차 내가 이해하지 못하는데, 국어 시간마다 본문 읽을 때 우는 아이를 작가님들은 하늘에서 어떻게 보았을까? 학교 아침 조례 묵념 시간마다 윤동주 의사 같은 분들의 책은 잘 못 읽었고, 책에 나온 것보다 평화로운 지금 세상에 살고 있지만 왜 그렇게 학교 숙제나 문제집, 공부는 하기 싫었는지. 나는 내가 미워서 학교 묵념 시간에 될 때마다 두 눈에 뜨거운 물이 나오는 어린이였다. 글쎄? 울었던 이유는 모르겠다. 그냥 울보였기 때문일까? 중학교부터는 눈물을 억지로 틀어 막았다.

중학교 1학년부터 눈물은 반 친구들의 놀림거리가 되었다. 그때부터 내 두 눈이 싫었다. 눈물 때문에 친구들이 나를 피하고 따돌리는 상황이 싫었다. '난 더 이상 울보인 내가 싫어!'라는 생각이 들 때마다 쉬는 시간마다 중학교 도서관에 기어 올라가 모모, 가시고기 책을 꺼내 읽었다. 모모에게 매달렸다. 눈물이 나올 때마다 모모에게 눈물을 걷어가 달라고 매달려 울었다. 모모에게 추한 모습을 자주 보였다. 눈물이 많은 나를 바꿔보려다가, 오히려 더 많은 눈물이 흐르게 되었다. 어느 날부터 내가 눈물 글썽일 때마다 허벅지에 연필이나 샤프를 찔러 멍을 만들었다.

어른이 된 지금은 아이러니하게도 그 감정을 그래도 가져가고 싶다.

도서관에서 우는 냄새, 촉감, 느낌을 다시 느끼고 싶다. 어쨌든 센서가 가장 민감할 때니까 그 감성을 떠나고 싶지 않다.

날아라 슈퍼보드 나는 저팔계

 만화 '날아라 슈퍼보드'는 서유기를 바탕으로 만든 만화 영화로, 삼장법사를 제외한 등장인물이 모두 요괴라는 설정이다. 그러나 만화 캐릭터들은 자신을 사람이라고 주장한다. '날아라 슈퍼보드'의 첫 에피소드에서 악당이자 감초 역할인 저팔계는 돼지 캐릭터이다. 저팔계는 돼지라서 탐욕스럽고 폭력적이며, 짓궂은 인물로 묘사된다. 내가 주목한 것은 저팔계의 폭력성이 아니라 악착같은 발전력이다. 그는 사막에서 석유 발원지를 찾아 석유를 팔아 부자가 된다. 저팔계는 한 마을을 무너뜨리는 악당인데, 이후 손오공 일행에 합류하여 활약한다.

 슈퍼보드에는 여러 종류의 악당이 등장한다. 그 중에는 게임을 좋아해서 요괴가 된 인물이 있다. 나는 요괴가 악당으로 변한 원인이 게임이라는 점이 의아했다. 원작 만화의 출시 연도가 1990년이니, 이해해야 할까?

어쩔 수 없는 구식이라고 생각했다. 요즘 프로게이머는 물론 개인 방송이 선호하는 직업 순위에서도 상위권에 오르니 말이다.

저팔계가 부른 노래 중에 '나는 나는 저팔계'라는 노래가 있다. 이 노래 가사는 슬프지만, 저팔계의 마음이 잘 드러나서 좋다.

나는 나는 저팔계 왜 나를 싫어하나
나는 나는 저팔계 도대체 모르겠네.
나의 심술 때문에 나를 그렇게 싫어하나
나도 알고 보면 너무나 착한 사람(?)이야
나는 나는 저팔계 왜 나를 싫어하나
나는 나는 저팔계 도대체 모르겠네.

나는 가끔 저팔계처럼 '나는 나는 저팔계'를 부른다. 주로 취업이 안 되고 실패할 때 그런다. 만화에서 손오공이나 저팔계, 사오정이 '나는 ~~한 사람이야.'라고 할 때 그 의미를 어른이 된 지금 생각해본다. 외형은 돼지, 원숭이, 물귀신일지라도 그들은 빛나는 능력이 있다. 귀가 어두운 사오정도 뽕망치를 잘 쓰고, 고집불통 손오공은 묘술을 부린다.

말할 수 없는 것들

선택받은 아이

사람은 누구나 슬픔이나 불행을 겪는다. 이야기의 힘은 잠시나마 불행한 상태에서 벗어나게끔 도와준다. 나는 만화 포켓몬스터와 디지몬을 보고 자란 세대이다. 2학년 시기에 만화를 본 추억에 자주 머물러 있곤 한다. 내 이웃 동생은 7살에 그 추억에 머물러 있다. '우리는 친구'라는 만화 주제가가 희망찬 노래로 가득하다. 디지몬 어드벤처에 나온 선택받은 아이들은 각자 하나씩 굴곡이 있다. 태일이라는 아이는 아픈 동생이 있고, 어른들은 아이에게 동생을 잘 돌보라고 요구한다. 만화에 나온 리키는 가장 어린아이로 나오고 이혼 가정의 아이들이다. 아이였을 때 만화영화는 꽤 좋은 피난처였다.

나는 왜 만화영화 같은 피난처가 필요했을까? 나는 눈물이 많은 아이였고, 친구들과 어울리고 싶었지만, 그 누구와도 친해지지 못했다. 너무 잘 울어서 그랬을까? 나의 상상 친구가 탄생한 것도 9살 때였다.

나라

　항상 외로움을 느꼈다. 소꿉친구들 아니면 학교에서 친구들이랑 어울리기 어려웠다. 항상 받아쓰기 숙제를 안 해서 사물함에 가는 아이, 항상 연필이 부러져서 쓰기 어려웠던 아이, 교실 벽에 연필로 기찻길을 그렸다. 그 기찻길은 나에게 좋은 놀이터였다. 벽에 낙서를 하다가 혼나서 지우던 날 눈물이 났다. 지우는 게 싫은 것이 아니었다. 학교에서 벗어나는 둥지 같은 공간을 허물어서 그랬다. 내가 상상의 세계에 빠져들게 해준 것은 아빠 방에 있던 스프링 노트였다. TV에서 보던 캐릭터들을 이 노트에 초대하고 싶었다. 나의 첫 상상 친구는 아즈망가 대왕에 나온 '나라'라는 여자아이였다. 유달리 이 아이가 좋았다. 나라라는 이름이 만화 캐릭터 이름이라서 이 이름을 떠올렸다. 달빛 천사에 나온 루나라는 아이는 양갈래 머리 스타일인데, 만화 스토리가 매력적이었다. 1년 동안 화려하게 사는 대가로 죽음을 맞는, 사뭇 무거운 이야기였다. 만화는 자극적이라, 현실에서 벗어나는 탈출구 역할을 했다. 내게 만화 이야기는 제 2의 세상이었다.

나의 공간

나는 5살 때부터 작은 침대와 책상이 있는 나만의 방이 있었다. 10~11살쯤부터 내 방에 집착이 생겼다. 내 침대 옆 벽은 상상의 나라로 워프하는 장치였고, 상상의 출발점이었다. 나는 침대에 누워 있으면 가보고 싶은 꿈의 세계를 갈 수 있었다. 만화 속 세상에 내 방이 통째로 떨어지는 상상도 자주 했다. 엄마와 아빠가 부부싸움을 하면 내 동생을 데리고 방으로 도망가야 했다. 남동생은 나의 낙원을 방해하는 존재였다.

깨진 항아리

동생의 장애는 콩쥐팥쥐에 나온 깨진 항아리라고 엄마가 알려줬다. 깨진 항아리는 물을 채울 수 없지만, 두꺼비가 안에 들어가서 물을 채울 수 있다는 깨진 항아리. 그래, 내 동생은 깨진 항아리이다. 깨진 항아리는 누구나 가지고 있는 게 아닐까?

예술은 깨진 항아리를 막아주는 인공 감미료일까? 중학생 때는 나의 공간에 동생이 침범하면 나는 어디에 가야 할지 몰라서 봉사단체나 나의 작은 공간에 갔다. 상상은 좋은 인공 감미료였다. 그래서 장래 희망이 만화가였고, 그림을 잘 그리지 못하지만 미래에 만화가 될 거라고 최면을 걸었을 정도로 미술이 좋았다. 미술학원은 가지 못했다. 그림은 가까이 가고 싶어도 다가갈 수 없는 무지개처럼 멀다. 인공 감미료를 잔뜩 먹어서 혀가 떫다.

작가노트

차희주

간지럽게 가끔은 한번쯤
부드럽게 그녀의 눈을 보며 다가가
말해봐 이렇게 난 너를 사랑한다고
촌스럽게 망설이지 말고
당당하게 그녀의 맘을 향해 달려가
얘기해봐 때론 유치한 것도 괜찮아
그녀도 원할 꺼야
(간지럽게)오늘도 말 못하면 바보
(부드럽게)사랑은 표현이야
(자신있게 *show your love*)

스윗 소로우-간지럽게

4.

작가소개

최예은

  글 곁에 사는 것으로 충분하다고 생각했던 사람. 이제는 글쓰고 싶은 마음도 인정하기로 했다. 앞으로는 글 가운데에서 살아보려고 한다.

규칙 없는 우주에 질서 짓기

혼돈을 막을 수 있다고 믿었던 사람

'존재하지 않는' 물고기를 모아서 이름 짓고 진열하는 데 평생을 바친 데이비드 스타 조던을 보며 왠지 모를 동질감을 느꼈다. 나 역시 쓸데없는 규칙을 만들고 지키는 데 목매는 사람이기 때문이다.

언젠가 친구가 갑자기 닥치는 불행을 막을 수 있다고 생각하는지 물었다. 나는 그렇다고 대답했다. 그때 나는 삶에 닥치는 모든 불행을 막는 데 전력을 다하고 있었기 때문이다. 숫자 '4'나 빨간색에는 얼씬도 안 했고, 몸이 조금이라도 아프면 바로 병원에 가서 별일 아니라는 확답을 들었다. 그때까지는 그게 꽤 효과를 발휘했다. 내가 노력만 하면 삶의 혼돈을 막을 수 있다는 믿음은 점점 더 견고해졌다. 남들보다 좀 더 조심하고 걱정해야 했지만 그 정도 대가는 치를 만하다는 생각도. 그렇게 나는 혼돈에서 멀리, 더 멀리 도망치는 데 집착했다.

문제를 열심히 막으며 살다 보니 큰 문제랄 것 없는 삶이 흘러갔다. 전략이 성공한 것이다. 하지만 나는 늘 쫓겼고 피곤했다. 이룬 것도 없으면서 말이다. 방어하는 전략 덕분에 잃은 것 없는 삶이 남지 않았냐고 누군가는 물을 수 있다. 하지만 그건 의미 있는 삶은 아니었다. '정성껏 세상이 내는 문제만 풀다 보니 서른 몇 해가 지나갔어요'라는 삶에서 어떤 의미를 찾을 수 있을까. 이런 생각이 들자, 나는 이 방어만 하는 삶이 지긋지긋해졌다. 무너질 게 두려워서 쌓지도 못하고, 구덩이에 빠질 게 두려워서 저쪽으로 건너가지도 못하는 이 삶.

혼돈의 우주에 나만의 선을 긋는 일

공격하기로 했다. 공격은 별게 아니었다. 글을 쓰는 것. 남의 생각을 받아들이는 '읽기' 대신 내 생각을 '쓰기'를 시작하는 것이다.

내가 태어나서 내 의지로 가장 끊임없이 한 것은 책을 읽는 일이었는데, 남들 얘기를 주워섬기는 것도 이제 지긋지긋했다. 어쩌면 나는 쓰는 게 두려워서 '그래도 나는 읽고는 있잖아'라고 반쪽짜리 보람을 느끼며 살아왔던 것인지도 모른다. 하지만 그렇게 많이 읽으면서도 늘 공허했다. 정작 내 것은 못 남겼다는 생각 때문에. 딱히 글을 쓰고 싶은 생각이 없었으면서도 그랬다.

쓰기를 결심한 지금, 앞으로 내가 쓰게 될 글들의 가치를 생각한다. 내 글들은 조던의 병 속 물고기와 같을 것이다. 세상 어디에도 쓸모없는 어떤 것. 그렇지만 그 글들을 쓴 나는 지금보다는 훨씬 나은 삶을 살 수 있을 것 같다. 적어도 내 나름대로 공격이랄 것을 해본 것이기에.

조던이 목맸던 규칙은 헛되고 바보 같은 것이었을지라도 나는 그 사람이 어쩐지 존경스럽다. 감히 광막한 우주에 자기 나름대로 선을 긋고 질서를 부여해 보려고 노력해 본 인간 아닌가. 어쩌면 공격이란 건, 사는 데 쓸모 있는 일만 하는 방어를 그만두고 자기가 진짜 끌리는 쓸모 없음에 몰두하는 것 아닐까.

이 책을 읽은 많은 이들이 그를 일종의 '악역'으로 기억할지라도 이런 측면에서 그는 의미 있는 삶을 살았다는 생각이 든다. 비록 그가 물고기에게 부여한 이름과 분류가 소용없는 것으로 판명 났더라도 말이다. 그러니 나는 쓸모없음을 선택하는 공격자로 살 것이다. 죽기 직전, 물고기는 존재하지 않는다는 말을 듣게 될지라도.

무질서가 충만한 세상

질서라는 환상

손 하나 뻗을 공간 없이 사방이 막힌 지하철에 서서 생각했다. 세상은 무질서로 가득 차 있다고. 비집고 들어갈 틈 하나 없어 보이지만 알고 보면 허점투성이라고 말이다.

가까운 예를 들어 보면 회사가 있다. 회사엔 업무분장이라는 게 있지만 일과 일 사이에는 셀 수 없이 많은 틈이 존재한다. 그리고 그 틈은 메우려고 노력하기보다 그때그때 일이 벌어졌을 때 그에 맞춰 처리하는 게 현명한 것처럼 여겨지기도 한다. 그 틈을 메울 시스템을 만들면 더 효율적으로 굴러갈 것임을 알지만 그걸 만드는 게 쉽지 않기에 누구도 나서지 않는 것이다.

세상에 틈이 많다는 걸 가장 많이 느낀 건 소송을 할 때였다. 직접 부딪친 법의 세계는 고등학교 사회 시간에 배운 것과는 사뭇 달랐다. 학교에서 배울 땐 분명 소송만 하면 죄인은 벌을 받고 무고한 피해자는 손해를 보상받을 수 있을 것 같았는데 아니었다. 시스템이나 촘촘한 안전망은 존재하지 않았다.

그들에게 중요한 건 죄인을 벌하는 게 아니라 자기 앞에 놓인 서류 더미를 치우는 것이었다. 그들도 직장인이니 당연한 일이다. 그런데 한번은 법원 직원의 실수로 고소장 송달이 미뤄졌다. 피고가 다른 사건으로 수감돼 있을 때여서 교도소로 보냈는데 수신 확인을 잘못해서 다시 보내야 한다고 했다. 교도소 담당자와 피고 두 사람 모두에게 받지 않고 교도소 담당자에게만 받아서 다시 보내야 한다고, 송달료도 다시 내야 한다고 했다.

본인 잘못으로 일이 그렇게 된 것이었는데도 그 직원의 목소리는 심상하기 그지없었다. 회사에서 사소한 실수를 하나 한 것뿐인데 왜 이렇게 난리냐는 듯. 그리고 잘못을 따져 묻는 내게 필요하면 국민신문고에 신고하라고 했다. 자기가 취급하는 서류들 하나하나에 어떤 사연이 얽혀 있는지 그는 알까. 알 리도 없고, 알 필요도 없었을 것이다. 국민신문고에 글을 올렸지만 어떠한 조치도 없었고 형식적인 답변을 받았을 뿐이었다. 잘못한 사람은 있는데 그 때문에 피해받은 사람이 보상받을

질서는 없다. 나는 무력감을 느꼈다.

무질서 위에 선 긋기

세상은 정말이지 혼돈으로 가득 차 있다. 인류가 등장한 지는 수십만 년이 됐고 최근 몇 세기는 혁신적인 인류 문명의 발전이 있었다는데 그 시간을 다 거친 이 지구에 아직도 구획하고 정의해야 할 일들이 산더미라는 것이 그저 신기할 뿐이다. 학문이고 개발이라는 게 다 구획하고 정의하는 일일 텐데 거기에 긴 세월 매달린 결과가 이거라니. 엔트로피 법칙이 이토록 강력하다는 게 새삼 놀랍다. 수많은 사건과 그에 대한 반성으로 다듬고 다듬었음에도 사회 시스템이나 법은 더 큰 무질서로 나아가고 있는 것처럼 보이기도 한다.

하지만 이 무질서에 마냥 화만 나는 건 아니다. 난 계획 세우는 데 좀 감각이 있기 때문이다. 네모반듯한 질서에서 한 발이라도 벗어나면 범법자라는 낙인을 찍을 듯 권위 있는 척하는 이 세상이지만 자세히 들여다보면 메울 틈은 얼마든지 있다. 그건 내가 할 일이 많다는 뜻이 되기도 한다.

사람들은 애초부터 원칙이라는 게 거기 있던 것처럼 생각하지만 완전무결한 원칙이라는 건 없다. 그것도 어느 인간의 머리에서 나와서 어느 순간 자리 잡았을 뿐이다. 그러니 나도 내 눈에 띈 무질서에 작은 원칙을 세워볼 수 있지 않을까. 언젠가 내가 겪었던 시행착오를 정리해서 다른 사람들에게 도움이 되고 싶다는 생각을 한다. 더 많은 사람들이 규칙 안에 평온해지도록 말이다.

사방이 꽉 막힌 지하철 안에서 내가 할 일을 깨달았다. 지금은 이렇게 갇혀 있지만 나는 원칙을 만드는 사람이 될 것이다. 무질서에 질서를 부여할 것이다. 그렇게 생각하자 틈 많은 세상이 처음으로 답답하지 않게 느껴졌다. 나는 한결 홀가분해진 마음으로 지하철에서 빠져나왔다.

언제나 지망생

뭔가 되어야 할 것 같은 기분

희정 작가님의 『일할 자격』*에서 어느 아르바이트생의 이야기를 읽게 됐다. 그분은 뭔가 되어야 할 것 같은데 그게 무엇인지도 모르겠고, 아르바이트만 하다가는 기본도 못 할 것 같다는 압박감을 토로했다.

뭔가 되어야 할 것 같은 기분. 그게 너무 이해돼서 잠시 생각에 빠졌다. 늘 무언가가 되고 싶었던 내가 떠올라서. 대학생일 땐 라디오 작가가 되고 싶었고, 방송 작가를 그만둔 뒤에는 편집자가 되고 싶었고, 자비 출판사 편집자로 일할 땐 기획 편집자가 되고 싶었다. 기획 편집자가 된 지금은 내 기획안이 통과되길, 잘 팔리는 책의 편집자가 되길 바라고 바란다. 영원히 내가 원하는 그 무언가가 되지 못할 것 같다는 불안에 휩싸인 채.

---

*희정, 『일할 자격』, 갈라파고스, 2023년.

지망생을 움직이는 건 불안이다. 미라클 모닝이니 루틴이니 하는 유행을 따르기도 하고, 만원 지하철에서 유튜브보단 책을 보며, 퇴근 후에는 운동으로 하루를 마무리한다. 달콤한 바닐라라떼는 건강과 절약을 위해 삼간다. 없는 시간을 쪼개서 북토크나 강연을 쫓아다니고 독서 모임도 몇 개씩 들어놓는다. 연예인도 아닌데 의욕 넘치던 과거의 내가 잡아둔 스케줄을 소화하다 보면 일주일, 한 달이 무섭게 흘러간다. 여전히 지망생인 내 얘기다. 삼십 대 중반, 지망생 신분에서 벗어날 가능성은 요원해 보인다.

지망생의 기쁨과 슬픔

내가 처음 '지망생'이라는 말에 주목하게 된 건 김목인의 노래 〈지망생〉을 들었을 때였다. 안 지 거의 10년은 된 이 노래에서 "모든 것의 뒷면은 가려져 있고."라는 지망생의 읊조림이 공감됐다. 지망생의 시야는 그렇다. 저 뒤엔 뭐가 있는지 전혀 가늠이 안 된다. 그냥 좋아서 하고는 있는데 딱히 뭐가 보여서 하는 게 아닌 상태다. 젊고 시간은 많고 그것 외엔 딱히 할 것도 없으니까 한다. 멜로디가 평화로워서일까, 가수의 목소리가 여유로워서일까. 가사 속 지망생들은 불안하기보다 해

맑아 보이고, 안쓰럽기보단 귀여워 보인다.

『일할 자격』 속 지망생들은 절박하고 〈지망생〉 속 지망생들은 낭만적이다. 그렇다면 그 둘은 다른 사람일까. 그렇지 않을 것이다. 현실에서 그들은 같은 인물들일 게 뻔하다. 사람은 세상이 무너진 듯 절망하다가도 '에라, 모르겠다. 언젠가 되겠지.'라며 늘어져 철없는 말을 지껄일 수 있는 존재니까. 지망생은 가슴 속 절망과 낙관을 동시에 품고 사는 존재다.

그렇지만 분명히 누군가는 절망이 돋보이고 누군가는 기쁨이 두드러져 보인다. 그리고 아마 이 둘을 갈라놓는 건 스스로가 지망의 주체인가 하는 문제일 것이다. 순수하게 자기가 원하는 것을 지망하는 사람은 고되기보단 행복을 좇는 모습이 더 부각돼 보일 것이다. 반면, '이 정도론 부족해. 더 대단한 뭔가가 되어야지.' 하는 세상의 목소리에 이끌려 엉뚱한 걸 바라는 사람은 측은해 보일 테다. 좋아하는 일을 할 때의 기쁨을 숨길 수 없듯, 원치 않는 일을 할 때의 슬픔 역시 가릴 수 없는 법이니.

아마 앞으로도 나는 뭔가가 되고 싶은 지망생 신분에서 벗어나기는 어려울 것이다. 잘 팔리는 책의 편집자가 되고 나면 또 좋은 게 눈에 들어오지 않을까. 세상엔 좋아 보이는 것들이 너무 많으니 말이다. 다만, 남들의 말에 휩쓸려 절망스러운 표정만 짓는 지망생이 되고 싶지는 않다. 대부분은 무표정이더라도 가끔은 천진히 웃고 싶다. 그럴 수만 있다면 늘 뭔가를 바라는 삶이더라도 기쁠 것이다.

무슨 일 하세요? 그냥 회사원이에요

애매한 대답 뒤에 숨은 이유

영어에서는 처음 만나면 이렇게 물어본다. "What do you do?" 직업을 묻는 단순한 질문이다. 하지만 이 질문을 들을 때마다 나는 늘 머릿속이 복잡해졌다. '나 같은 게 방송작가라고 할 수 있을까?' '이렇게 후진 회사에 다니는데 내가 편집자라고 해도 되는 걸까?' 생각의 끝에 내 입에서 나오는 대답은 늘 "그냥 회사원이에요."였다.

내가 회사원이라는 대답으로 내 정체를 숨긴 것은 열등감 때문이었다. 내가 거쳐 온 두 개의 직업은 방송작가와 출판 편집자였지만 이 직업들의 이미지와는 달리, 내 실상은 초라하고 남루했다.

방송작가일 때 얘기를 해보자면, 나는 한낱 외주 제작사의 막내 작가일 뿐이었다. '작가님'으로 불리지만 실제 하는 일은 전화하고 구걸하는 게 전부인 '작가나

부랭이'요, 고용 신분은 프리랜서여서 회사에선 노트북도 제공받지 못하는 '객식구'이자, 월급 80만 원으로 시작한 '극빈층'이었다. 자부심은 힘이 세지 않아서 주말 내내 불통이 되는 전화에 패닉이 된 어느 날, 나는 완전히 항복해 버렸다. 열정이나 좋아하는 마음에도 한계가 있었다.

편집자인 지금은 어떤가. 6년 차가 되었지만 최저시급에서 조금 웃도는 월급을 받을 뿐이며 5인 이하 사업장이어서 연장수당도 제대로 못 받는다. 눈은 빠질 것 같고 손목은 시리지만 회사에서는 교정 교열 기계쯤으로 취급받곤 한다. 자비출판사에서 일한 경력이 대부분이어서 기획출판사에서는 받아주지도 않으며, 간신히 들어온 기획출판사는 알고 보니 그냥 '기획사'여서, 편집 기획자가 되겠다는 꿈은 점점 흐려져만 간다. 어떻게 해도 나는 직업인으로서의 나를 자랑스러워할 이유를 찾지 못했다. 그래서 "회사원이에요."라는 말이 편했다.

유명하거나 대단하지 않아도

그런데 얼마 전, 친구와 이야기를 나누다 이런 나의 마음을 털어놓았다. 나는 늘 충분하지 않은 느낌이라고. 직업인으로서 정점을 찍지 못했다는 마음에 괴롭다고. 그러자 친구가 나에게 물었다. "그럼 너는 어떡하면 만족할 것 같아?"

친구에게는 그냥 소박한 내 생각을 말했다. 그냥 정상적인 업무 체계 속에서 내가 기획한 책이 하나둘 쌓여가는 걸 보고 싶다고. 그동안 나의 노력은 그런 회사에 가서 일하기 위한 것이었는데, 최근에 이직한 곳이 그렇지 않다는 사실 때문에 너무 괴롭고 더 어떻게 노력해야 하는 건지 모르겠다고 말이다.

하지만 집으로 돌아와 생각해 보니 정말 내가 원하는 것이 그것뿐일까 싶었다. 정상적인 업무 체계라는 것은 누가 정하는 것일까? 지금도 이미 정상적인 업무 체계 속에서 일하고 있는 건 아닐까? 그리고 꼭 기획한 책이 있어야만 편집자인 걸까? 이미 나는 200권 넘는 책을 고치고 다듬어서 세상에 내놓았는데. 기획과 섭외만 안 했을 뿐 그 책들을 소개하는 글도 내가 직접 썼고, 회사에서 시키지 않았는데도 자진해서 그 책들의 카드뉴스나 상세 페이지 이미지도 만들 만큼 몰두했었다. 편집자가 별건가. 이런 일 하는 사람이 편집자지. 그런데 이런 나를, 나만 편집자라고 불러주지 않고 있었다.

그동안 나는 늘 '아무도 모르는 회사에 다니는 나부

랭이' '주류가 되지 못하고 도태된 아류'라는 콤플렉스에 찌들어 진짜로 중요한 것 잊고 있었다. 어떻게 해서든 남들이 알 만한 출판사에 가서 베스트셀러를 만들고 싶다는 생각에 사로잡혀 그전까지는 나를 편집자라고 부르지 않으리, 다짐하고 있었던 것이다. 방송작가일 때도 마찬가지였던 것 같다. 〈무한도전〉 작가쯤 되어야 방송작가 소리를 들을 수 있다는 듯 겸손을 가장했지만 그 이면엔 하늘을 찌르는 오만함이 있었다.

하지만 그러지 않기로 했다. 이러다간 영영 나는 그 어떤 직업인으로도 떳떳할 수 없을 것 같았기 때문이다. 나는 방송을 만드는 작가였고, 지금은 책을 만드는 편집자다. 그런데 번듯해지기 전까지는 스스로를 제대로 소개하지도 못한다는 게 말이 되는가. 아마 나는 "저 편집자예요." 했을 때, "와, 대단하시다. 혹시 무슨 책 만드셨어요?" 같은 질문이 돌아올 것이 두려웠던 것 같다. 아무도 내가 만든 책을 모를까 봐 먼저 도망쳤다.

번듯함이라는 건 도대체 누가 정하는가. 그 누구도 남의 직업을 하찮다고 말할 권리는 없다. 아무도 모르는 출판사에서 아무도 모르는 책을 냈다고 해서 '저런 게 무슨 편집자야.' 하는 생각을 드러내는 사람이 있다면 나 역시 그를 무시할 자유가 있다. 중요한 건 적어도 나만은, 나를 제대로 된 직업인으로 인정해 주는 일이다.

이제 나는 어디 가서 편하게 "저 편집자예요." 하고 다닌다. 그러자 신기한 기분이 들었다. '아, 내가 정말 편집자구나.' 뻔뻔하게도 그 즉시 이 말을 긍정할 수 있는 기분이 된 것이다. 그토록 오래 꽁꽁 싸매고 있던 생각이 이토록 순식간에 풀어지다니. 나는 그동안 왜 그렇게 살았을까. 내가 그토록 바라던 인정은 나만 마음을 바꾸면 얻을 수 있는 것이었다.

그럼 내가 편집자지 뭐겠는가. 나는 내가 사랑해 마지않는 편집자라는 직업을 이미 가진 사람이다.

* 부기: 지금은 8년 차가 됐고 회사도 옮겼다. 조금 지난 글임에도 이 글을 지금의 상황으로 고치지 않은 건 이때의 변화가 내게 아주 중요한 것이었기 때문이다.

육지의 근심 걱정 다 내려놓고

수영의 효험

퇴근은 분명히 했는데 계속 돌아가는 머리와 마음을 주체하지 못할 때가 있었다. 분명 몸은 집에 있는데 영혼이 회사에 묶여버린 상태. 잠은 자야 하는데 눈이 말똥말똥해서, 가슴이 두근거려서 잠을 잘 수가 없었다. 애석하게도 나는 '잊어야지.' 한다고 정말 잊을 수 있는 단순한 종류의 인간이 아니었던 것이다.

그런데 수영을 한 뒤로 바뀌었다. 그 어떤 치욕을 당한 날이더라도, 제아무리 강력한 고통체가 올라온 날이더라도 수영장에서 나올 때의 나는 회사에서의 내가 아니었다. 수영장엔 영험한 힘이라도 있는 것인지 머리부터 발끝까지 정안수에 담갔다 나온 것처럼 사람이 바뀌었다. 그 어떤 다짐으로도 안 되는 일이었다. 이래서 다들 수영, 수영 하는 거였구나. 수영의 효험에 나는 감탄했다.

오늘도 새로 맡은 원고가 골치라 머리엔 열이 잔뜩 올랐다. 외근이 점심시간이랑 겹쳐서 패스트푸드점에 갔는데, 평소라면 느긋이 기다렸을 햄버거를 기다리지 못하고 언제 나오는지 두 번이나 물어봤으니 말 다 했다. 겨우 나온 햄버거를 입에 욱여넣고 오후 내내 종종대고는, 스스로가 별로인 인간 같아서 축 처진 기분으로 퇴근했다.

그런데 저녁 수영을 하고 나오는 길, 오후에 있었던 일 따위 신경도 쓰지 않는 나를 발견했다. 그 순간 머릿속에 맴돌던 생각이라면 '오리발 껴서 하나도 안 힘드네. 내일 새벽에 자유수영 조져야 살 빠지겠다.' '자유형 팔꺾기 쉽지 않네. 계속해 봐야지, 뭐.' 이런 것들이었다. 육지의 근심 걱정에 비하면 너무나 산뜻해서 고민 축에도 못 낄 생각들.

마음만 그런 게 아니었다. 덜 마른 머리에 헐렁한 옷을 걸친 여자가 수영장 유리문에 비쳤다. 철딱서니도 생각도 없어 보이는 여자애 하나가 양손에 오리발과 수영가방을 달랑거리는 모습이라니. 세미 정장을 입고 종종대던 여자는 어디에도 없었다. 무슨 일이 일어난 걸까.

완벽한 안온함을 느끼는 법

수영을 하면 다른 시공간의 내가 되는 것 같다. 그곳은 허우적이 기본값이어서 마음껏 실수해도 되는 세계다. 똑바로 걷기만 해도 코어 힘이나 균형 감각이 좋다는 칭찬을 들을 수 있는 곳이자, 육지에서의 경력과 자격, 업적이 모두 리셋되는 곳이다.

거기서 난 접영 폼이 허접스러운 초짜고 선생님한테 물 맞아가며 배우는 열등생이다. 그런데 가끔은 혼나면서 웃기까지 한다. 육지에선 누구도 함부로 혼낼 수 없는 어엿한 어른인 내가 물속에 들어왔단 사실 하나만으로 아이처럼 막 지적받을 수 있다는 게 신나기 때문이다.

그래서 수영은 내가 잘할 필요가 없다고 정한 유일한 종목이 됐다. 잘하려고 마음먹어도 잘되지도 않을뿐더러 물속에 들어갈 때부터 파닥파닥 행복해져서 그외의 성취를 찾을 필요가 없었기 때문이다. 더 좋은 것은 애쓰지 않았는데도 음파도 못 하던 내가 **뺑뺑이**를 돌 정도까지 수영이 늘었다는 점이다.

그러고 보면 잘하려는 마음이란 건 잘하는 데 필요 없는 것이었다. 어쩌면 잘하려는 마음은 잘하는 것보단 스스로를 괴롭히는 결과만 불러오는 것 아닐까. 퇴근

후 내가 잠 못 들었던 이유는 이것이었다. 나는 뭐든 잘하고 싶었다. 회사에선.

물에서는 온몸에 힘을 빼야 떠 있을 수 있다. 그래서인지 물에서 사는 법을 배우고 나니 육지에서 힘을 뺄 수 있게 되었다. 잘하려는 마음 탓에 꽉 쥐고 있던 주먹을 풀었다. 그리고 나니 육지의 근심 걱정을 다 내려놓고 잠들 수 있었다. 이제 나는 잘하려는 마음이 없는 세계에서 완벽하게 안온하다.

신도림역의 무법자

발 밟는 여자

출근 시간 신도림역, 나는 여러 사람을 제치고 걷는다. 그러다 앞 사람의 발뒤꿈치를 밟는 일이 유독 많다. 반대로 내가 밟히는 경우는 없는 걸 봤을 때, 다른 사람들은 그러지 않는 것 같다. 그러면 왜 나만 이렇게 다른 사람의 발뒤꿈치를 밟는 걸까? 생각해 볼 필요도 없이 답이 나온다. 내가 걸음이 빨라서다. 나쁘게 말하자면, 빨리 걷는 게 남들을 배려하며 걷는 것보다 더 중요한 사람이기 때문이다.

수영장에서도 같은 패턴이 반복된다. 수영만큼 혼자 할 수 있는 운동도 없는데 꼭 앞 사람 발에 닿게 된다. 어떨 때는 멈춰야 할 곳에서 멈추지 못해 앞 사람을 옴팡지게 만져버리는 일도 생긴다. 일부러 그러는 건 아니지만 내가 나를 유심히 관찰해 보면 그러지 않으려고 필사적으로 노력하지도 않는 것 같다. 내게 중요한 건 앞 사람과 안 부딪히는 게 아니라 빨리 가는 거니까. 빨리 가려는 마음이 마찰을 빚는다.

나는 늘 의아했다. 어떻게 사람들은 저렇게 천천히 걸을까. 바쁜 일도 없는 걸까. 나는 바쁜 일 없어도 빨리 걷게 되던데, 이게 정상 속도가 아닌 건가. 특별히 일이 있어서 발걸음을 재촉하는 게 아닌 이상, 사람들은 원래 저렇게 천천히 걷는구나. 사뭇 신기한 눈으로 사람들을 바라보곤 한다. 그렇게 바쁘게 걷는 와중에도 말이다. 바쁜 건 내 발만이 아니다. 눈도, 머릿속도 난 늘 바쁘게 돌아간다.

수영장에서 새로운 영법을 배울 때마다 늘 '빠르게 하지 말고 천천히 해보세요'라는 피드백을 듣는 것도 이런 성격 때문일 것이다. 자유형은 리듬을 타면서 천천히 한 팔 한 팔 글라이딩 하고, 평영은 다리로 힘껏 차서 추진력을 얻었으면 미끄러져 앞으로 나갈 시간을 충분히 가지라는 말을 많이 들었다. 나는 빨리 가보려고 발버둥을 친 거였는데 천천히 하라고? 의아한 마음을 품고 그대로 해보면 확실히 수월했다.

요즘 배우는 접영도 마찬가지. 백날 해도 안 돼서 고민이었는데 옆 반으로 옮긴 뒤 새 강사님이 처음 해준 피드백이 천천히 더 깊이 내려갔다 올라오라는 것이었다. 수면에서 깔짝대기만 해서는 내려가질 않으니 올라오지도 않게 된다. 몸이 올라올 때 팔을 써야 수월하게 돌아가는데 나는 바쁜 마음에 제대로 내려가지도 않고 팔로 물을 잡으니 몸이 올라올 틈이 없었다. 몸은 올라오지도 않았는데 팔로만 헤치고 나가려니 힘든 것이고. 그래서 시간을 충분히 두기로 하고 머리를 한껏 처박으며 저 밑까지 내려가봤다. 역시나 훨씬 편해진 동작. 내 수영을 가로막는 적은 내 바쁜 마음이었다.

소란한 마음이 빚은 마찰

그리고 오늘 아침 출근길. 평소처럼 바삐 걸었는데 나보다 더 바쁜 사람이 내 가방을 치고 갔다. 그 사람은 얼마나 바쁜지 이리저리 교차하며 걷는 사람들 사이를 잘도 비집고 들어가며 조금씩 앞서나가고 있었다. 몇 사람을 살짝 치면서 가긴 했지만 꽤 성공적인 움직임이었다. 그러나 여러 사람을 치며 걸어가는 모습이 좋아 보이지 않았다. 나도 저랬겠구나.

그 모습을 보니 처음으로 천천히 걸어볼까 싶어졌다. 남들 발을 밟지 않고 누구와도 부딪히지 않는 것을 빨리 가는 것보다 우선하기로. 그렇게 천천히 앞 사람 속도에 맞춰 걸으니 앞 사람 발을 밟을 만큼 가까워지지 않은 채 걸을 수 있었다. 무엇보다 좋았던 건 내가 나서서 이리저리 길을 개척할 필요가 없어진 것이다. 이리저리 길을 만들며 가느라 부딪히며 걷지 않아도 되니 편했다. 빨리 가려는 마음 하나만 내려놨을 뿐인데 이렇게 스무스해지는구나. 그동안 내가 겪었던 마찰과 소음이 알고 보면 내 속도 때문이었다.

 이건 꽤 많은 일에 적용되는 원리다. 빨리 가려고 부산 떠는 나 자신만 가라앉혀도 세상은 한결 고요해진다. 마찰은 줄고 상처받을 일도 없어질 것이다. 순리대로 했을 뿐인데 술술 풀리는 경험을 하게 될지도 모른다.

 이날의 경험으로 나는 왠지 남들보다 삶의 난이도가 높은 것 같다고 느껴질 땐 속도를 낮춰본다. 쓸데 없이 서두르는 마음을 버리기로 했다. 세상의 속도에 맞추기만 해도 많은 일들이 해결된다는 걸 알았기 때문이다.

작가노트

최예은

 책 읽는 모임인 줄 알고 왔는데 글도 쓰는 모임이라는 걸 듣고는 내심 기뻤다. 한 달에 한 권 같은 책을 읽고 다른 글을 써서 공유하는 동료가 생긴 것에 감사하다. 어떻게든 내 글을 읽어주려는 이들이 있는 곳에서 글을 쓰게 된 것이 올해 얻은 가장 큰 행운이다.
 조금 늦게 모임에 합류한 탓에 책에 실은 글 여섯 편 중 다섯 편은 개인적으로 써두었던 글이다. 그래서 조금 오래된 글도 몇 편 있다. 책에 모두 실을 수 있게 되어 감사할 따름이다.

5.

작가소개

태하정

얼굴이 까맣고 꾹꾹이를 못하는 고양이가 있어요.
동그란 코를 가진 하얀 운동화를 즐겨 신고
누워서 듣는 여름 빗소리를 좋아합니다.
뒷맛에 화아 하고 가짜 딸기향이 나는
아이스크림은 최애.
세 개에 천 원이라고 연신 손가락을 펴 보이는
단지 앞 부부의 벙어리 붕어빵은 언제나 팥으로만.
문보다 창이 많은 도서관에서 보게 되는 노을과
오래된 서가에서 찾은 누군가 그어놓은
밑줄 같은 것에 약간 설레고요.

다시 속을 수밖에 없는 것

 바람이 차다. 집에서 나오기 전 아침부터 창으로 쏟아지는 햇살에 또 속은 모양이다. 롱패딩을 입어야 했다고 생각하며 후드를 뒤집어쓴다. 얇은 봄 점퍼의 지퍼를 올려보지만 같은 것에 여러 번 속아 본 것들이 그렇듯, 후회가 자책을 닮아있다. 오늘은 기필코 뭔가를 써야 한다고 생각하다 보니, 도통 아무것도 떠오르질 않는다. 집에서 도서관으로 자리를 옮겨봤지만 역시 나아지는 건 없다.

 책을 한 번에 쭉 연결해서 읽지 않아서인지 내용이 마치 여러 번 끊어 먹은 국수 같다. 한 챕터의 분량도 길지 않은데, 시간에 쫓겨 그마저도 끊어 읽으니 앞뒤랄 것도 없이 글의 내용이 사이좋게 섞여 있다. 소화는 빠른데 속에 남는 것이 없다. 마치 배가 금세 꺼진 느낌.

'일상과 진리는 분리되지 않는다. 깨달음은 둘이 마주치는 경계에서 오는 것이다.'

어쩌나 싶어, 한 손에 책의 모서리를 들고 후루룩 페이지를 훑다가 만난 문장이었다. 문득, 나는 그 영화가 떠올랐다. 아, 언제였었지. 그 영화를 본 게.

해발 1,300m 알프스의 깊은 계곡, 그곳에서 평생 외부와 단절된 채 침묵 수행을 하는 카르투지오 수도원의 일상을 담은 다큐멘터리 영화였다. 이제 막 겨울이 시작된 시기였고, 둘이었다가 하나가 된 허전함이 아직 좁고 어두운 공간을 찾아 헤매던 시절이었다. 얼마간의 돈을 지불한 내 몫의 자리에서는 언제 울어도 이상하지 않은 명분이 있는 곳. 영화관이었다. 그날도 딱히 그 영화를 보려고 그곳을 찾은 건 아니었다. 다만 사람이 많지 않을 것 같았고, 러닝타임이 3시간이 넘는 영화였다. 여러모로 가난한 실연을 달래기에는 부족함이 없어 보였다.

창문 앞에 놓인 노 수도사의 줄자와 메모부터였다. 그가 좁은 계단을 오르고 두루마리로 말린 무명천을 펼치고 가위질하는 동안 그의 굽은 등이 일정한 각도를 유지한다. 박스 안에 쌓인 같은 모양의 오랜된 단추들과 그의 손등에 돋아 올라 가지를 친 혈관들이 줄곧 가르치는 건 느리지만 여유로운 단정함이었다. 서걱거리는 수도복의 마찰음. 소리부터 내리는 여름 소나기. 거대한 바람에 스르륵 천천히 몸을 누이는 침엽수림. 그곳에서 내가 보았던 침묵이란 다름 아닌 소리였다. 한없이 덜어내고 비워낸 일상에 그들이 흩어놓은 묵직한 소리가 연민처럼 마음속을 공명했다. 수도사들의 클로즈업 된 손톱에는 언제 앉은 지도 모를 찌든 때가 껴 있고, 삽은커녕 호미도 힘겨워 보이는 노 수도사의 느리고 떨리는 롱테이크의 삽질이, 그나마 짧게 뜨고 지는 별도 사치인 양 잘게 쪼개놓은 창들이, 영화를 보는 내내 나를 불편하게 했다. 회벽으로 둘러싸인 독방. 그들의 의지로 자신을 가둔 방에서도 그들은 고독하고 좌절하며 긴 숨을 짧게 뱉어야 할 만큼 혼란스러워 보이기도 했다. 그들이 나와 다르지 않음이었다.

어느 장면에서부터였을까. 나는 한동안 소리를 잃은 채 울었던 것 같다. 그들의 침묵과 그 침묵으로 인해 도드라지는 그들이 가진 삶의 소리가 지금의 내 것과 그리 다르지 않다는 것에 나는 위로받고 있었다. 절대 침묵 속에서 인간이 얼마나 더 인간스러울 수밖에 없는지. 이곳이 한계일 거라고 단정하는 순간 보이는 위트는 삶을 얼마나 유연하게 하는지. 영화 속에서는 때때로 구름이 흐르고 계절이 바뀌고 있었다. 흐르는 건 러닝타임만이 아니었다. 다행이었다.

'전 세계를 여행한다고 해도 아무것도 보지 못할 수 있다. 세상의 이치를 이해하기 위해서 반드시 많은 것을 봐야만 하는 것은 아니다. 무엇보다 필요한 것은 지금 보고 있는 것을 성실하게 보는 것이다.'[*]

모란디가 말했던 것처럼, 중요한 건 우리가 지금 어디에 있느냐가 아닐지 모른다.

다른 시기, 다른 공간, 다른 형식의 삶을 살아간다 하더라도 우리는 같은 아픔을 공유하고 같은 소음들을 만들어 내며 살아갈 테니 말이다. 무엇보다 필요한 건 너

---

*조르조 모란디 Giorgio Morandi (1890-1964)의 말
이탈리아 화가. 볼로냐에서 태어나, 사는 동안 볼로냐를 거의 떠나지 않았다. '병(bottle)의 화가'로 불릴 만큼 병을 대상으로한 작품을 주로 그렸다. 일상의 소재를 변주하여 반복하는 작업 방식, 깊이 보는 방법으로 사물의 본질을 표현하고자 했다.

무 깊게 절망하지 않으며, 저항을 저항인 채로 두되, 두렵지만 내 몫의 삶을 성실하게 바라보는 것. 나는 그의 말을 믿어 보기로 한다.

  아직 각도를 가진 햇살이 낮은 명도로 나무에 걸리는 시간, 세 권의 책을 담은 가방을 메고 발의 크기가 달라 늘 한 쪽만 헐거운 운동화를 신고 집으로 온다. 헐거운 운동화를 견디는 법을 나는 이미 알고 있으므로 내가 가진 보폭을 탓하지 않기로 한다. 걸음은 느리고 바람은 아직 차다. 나는 여전히 속고 있지만, 다행히 흐르는 것은 시간만은 아닌 것이다. 어쩌면 같은 것에 여러 번 속았고 여전히 다시 속을 수밖에 없는 것은 내가 이 계절을 한 번도 이겨 본 적이 없기 때문이다. 그리고 이겨 본 적이 별로 없는 것들이 늘 그렇듯, 나는 다시 믿어보고 싶은 것이다.

비가 오는 밤이다

 기억하기론 비가 오는 밤이다. 우산살보다 굵은 빗살이 떨어지는. 언니는 잠이 오는 나를 몇 번이고 치켜 업는다. 어린 어깨와 더 어린 어깨엔 부러진 우산살을 타고 내리는 것들이 까맣게 젖어 든다. 잠도, 비도, 빈 버스도, 기다리지 않는 것들은 자꾸 오는데 엄마는 오지 않는다. 자면 안 된다는데 깜박이는 눈꺼풀 사이로 가로등이 점멸한다. 언니의 등이 축축이 젖어온다. 이미 젖어오는 게 익숙해진 것들은 땀인지, 빗물인지 모를 습기에 젖어 정류장을 서성인다. 시간이 간다. 찰박거리는 거리엔 가득 차서 불필요한 것들이 나뒹군다. 잠이 온다. 오가는 시선, 멀어지는 숨소리와 더 이상 차갑지 않은 어깨가 있다. 자면 안 돼. 저기 엄마 온다. 자니

 목감기예요. 한 며칠 열이 날지도 모르겠어요. 심한가요. 괜찮을 거예요. 칭얼대는 아이의 손을 잡고 병원을

나온다. 이제 막 빗물이 떨어지는 거리엔 우산은 없고 느리게 달리는 자동차와 느리게 걷는 아이와 느리게 걸어야 하는 내가 있다. 빗방울은 굵어지는데 달리는 자동차들을 보내느라 우리는 한참을 서 있다. 업어줄까. 응. 배는 뭉치고 아이는 무겁다. 그래도 아이는 아직 잠이 오진 않나 보다. 잠이 오는 숨소리는 더없이 무거운 법. 부여잡은 손목이 아파도 놓을 수 없다. 나는 이제야 놓을 수 없는 무언가를 업고서 그때의 언니가 놓을 수 없었던 무게를 짐작한다. 그저 짐작만 한다. 더는 해줄 것이 없는 시간에 있다.

그때 언니와 내가 기다리던 버스가 11번이었는지, 아니면 28번이었는지. 그런 것들이 희미해질 만큼 나는 지금 아주 먼 거리를 사이에 두고 그 시간을 바라보고 있다. 우리가 그 밤, 그토록 기다리던 엄마는 어떤 이유로 늦은 버스를 타고 집으로 와야 했는지, 그때 우리를 먹여 살린 생계라는 것이 어떤 식으로 엄마의 어깨에 놓여있었는지 나는 기억나지 않는다. 그저 나보다 겨우 몇 살 많은 언니가 나를 업고 서성이던 그 거리의 풍경들과 자주 칭얼대던 나의 손을 잡거나 업는 방식으로 언니가 엄마를 기다렸다는 것을 기억할 뿐이다. 그래서 나는 종종 내가 본 적 없는 것들을 상상하기도 한다. 내 손을 꼭 잡고 버스를 기다리던 어린 언니의 뒷모습. 버스에서 내린 엄마가 잠든 나를 받아 업고 어린 딸의 손을 잡고 집으로 걸어가던 그런 뒷모습 같은 것을 말이다.

그녀가 선택했거나 그저 주어졌거나. 그녀와 그녀의 어린 딸이 나와 함께 지나온 그 시기는 어떻게 생각해 봐도 나에게는 슬픔이다. 안타까움이고 미안함이고 또한 고마움이다. 그때로 돌아가 그 시절 그녀들이 주었던 것들을 내가 그대로 되돌려 줄 수 없다면 그건 어떤 식으로도 갚을 수 없는 것이다. 생은 그렇게 셈을 치르지 않는다는 것을 알게 되어서야, 나는 인생의 놓을 수 없는 무게를 짐작하는 어른이 되었다. 비슷한 방식으로 어느 한 생을 통과한 것들이 공유하는 짐작이란 얼마나 신랄한 것인지. 고스란히 살아남아 때때로 선명해지는 핑도는 향기 같은 것. 다만 그럴 수 있다면, 나는 비 오던 그 밤 언니의 등에 업혀있던 때로 돌아가 그녀에게 말해 주고 싶다. 어린 그녀의 등에 기대, 엄마는 올 거라고. 이제 비도 그치고, 그리고 우리는 무사할 거라고. 만약 그런 것들이 가능하다면.

유연한 단념이 가까이에 있다

 차창에 비가 어린다. 비가 온다고 했었나. 그러고 보니 저녁 비가 새벽까지 이어지면서 봄꽃이 질 거라던 말을 라디오에서 들은 것 같다. 온다던 비가 오는 것이므로 그다지 갑작스러운 일은 아니라고 생각해 보지만 내게 있어 퇴근 시간에 비가 내린다는 것은 그리 반가운 일은 아닌 것이다. 밀리는 도로에서의 지루함, 지켜야 할 약속, 또는 제시간에 거기 있어야 할 일상을 단념하는 것. 살수록 익숙해지는 것이 있다면 그건 이런 단념들이 좀 더 유연해지는 것이다. 유연한 단념이 가까이에 있다.

 이 도로를 따라 늘어선 벚나무들이 꽃을 피운 지 며칠이나 되었을까. 그리고 지금은 비가 내린다. 꽃이나 비나 이 봄에 내리는 것들은 자신의 의지를 가지고 있을까. 아니, 몰랐겠지. 이렇게 고작 며칠을 살고 가버리는 것이 그들의 일생이라고 누가 알려준 적이 없을 테니. 태생적 한계, 존재적 부조리에 대해서 억울할 겨를도 없이 생이 끝나는 것이다. 비가 내려서, 아니면 바람이라도 탓하고 싶었을 어린 것들이 어린 채로 떨어져 흩날린다. 날리는 꽃잎들을 와이퍼가 쉴 새 없이 쓸어내리는 동안 도로의 가로등이 일제히 투두둑 꽃을 터트리듯 불을 밝힌다. 그리고 나는 내리는 비를 바라보는 것인지, 이별을 하는 것인지 모를 마음이 되어 자꾸 아래로 떨어지는 시선을 붙잡고 있다.

그리고 보면, 봄을 읽는다는 것은 내겐 봄을 기약하다가 겨울에 떠난 그를 기억하는 일이다. 떨어지는 것들의 사이를 기억하는 일이고, 그 사이와 사이의 적당한 간격을 가늠하는 일이다. 간혹, 오늘처럼 비라도 내리는 날이면 이른 잠자리에 누워 간격을 잃고 무거워지는 안구의 압력을 견디는 일이기도 하고 꽃을 떨구고 그제야 그 자리에 잎을 올리는 벚나무의 고뇌를 짐작해보는 일이며, 그렇다면 저 나무의 꽃과 잎은 얼마나 멀리 있는가를 생각하는 일이다. 오래전 그 봄과 이 봄이 다름을 기억하고 그 봄을 기록하는 일. 그리고 부단히 다시 고쳐 쓰는 일. 그러므로 봄의 텍스트를 읽으며 그를, 우리의 사이를 함께 읽는 것은 내겐 혁명이다. 그것은 그가 없는 봄을 그가 없는 채로 살아가는 일이며, 같은 자리를 공유했지만 마주 볼 수 없는 꽃과 잎의 거리를 가만히 바라보는 일이기 때문이다.

그저 행해질 뿐이라던 말을 기억하기로 한다. 아무런 의지 없이 꽃이 지고, 또 비가 내리는 것이라면 그것은 어떤 물리적 순환 속에서 각자의 속도를 가지고 잠시 서로의 곁에 머물다 가는 것이므로 우린 그 무엇도 슬퍼할 필요가 없다. 슬픔 없이 이 봄, 수많은 이별을 읽어내는 일. 그리고 그것을 담담히 적어내는 일. 다만 그렇게 행해질 뿐이라며 그사이와 사이의 의지를 소거하는 일. 그것은 우리에게 아픔을 좀 더 유연하게 바라보는 법을 가르치고 있는지 모른다. 처음엔 전부였다가 선이었다가 시간이 흘러 멀어지면 적당히 찍혔다 사라질 소실점처럼, 아물지 않더라도 아픔은 어떤 식으로든 잊혀야 한다고 그래야 살아갈 수 있다고 말이다. 그렇지만 슬픔은 용기이지 않냐고 가지마다 울음을 터트리는 꽃나무들을 앞에 두고 나는 다시 묻고 싶어졌다. 그래서 이 유연함은 옳은 거냐고.

답할 수 없는 것이 는다. 유연한 단념이 이 봄, 이토록 가까이에 있다.

쓰고 보니, "관성"

1.

요즘은 뭐 하세요.라고 누군가 묻는다면 네, 자전거를 탑니다 라고 말하고 싶다. 그러니까, 묻는다면 말하고 싶은 거니까, 나의 요즘이란 저런 질문을 던질 만큼의 간격을 가진 사람들을 만나지 않고 있다는 뜻이기도 하고, 지금이 그리 춥지도 덥지도 않은 간절기라는 뜻이기도 하다. 역시 겨울이나 여름에 자전거는 좀 그렇다. 추우면 페달을 밟고 싶지 않고 또 더우면 아예 자전거를 끌고 엘리베이터에 타기까지의 고뇌가 너무 크다. 역시 그런 계절엔 그러한 여러 가지 허들을 침대에 누워 세어보는 것이 제맛이다. 나는 여기에 있고, 추위나 더위 따위는 집 밖에 있어서 코밑까지 끌어당긴 이불 속에서 가만히 나의 안전을 상기하는 일. 냉난방의 온도에 깊이 안도하는 일은 그래서 '부르주아적'이다. '부르주아적'이라는 단어 말고 다른 이상적인 단어를 쓰고 싫었지만 그게 쉽지 않다는걸, 한 십 분쯤 고민하고야 인정하게 되었다. 냉난방에, 이불을 뒤집어쓰고라니, 어떻게 표현하려 해도 이것은 딱히 달리 설명할 길 없는 '부르주아적'인 것이다. 적고 보니, 조금 부끄러워졌다. 부끄러움을 느낄 만큼 뭔가를 낭비한 기억이 없는데도 그렇다. 일명 나의 부르주아적 습성이란 것이 너무 사소하고 보잘것없어서 부끄러운 건지 아니면 그 행위의 무언가가 진정 부르주아적이어서인지 그걸 알 수 없다. 코밑을 간신히 덮던 이불을 머리까지 덮고서야, 이 계절이 간절기인 것이 얼마나 다행인가 생각했다. 그리고 '부르주아적'이란 단어는 앞으로 함부로 사용하지 말아야겠다고도 생각했다.

2.

자전거의 페달을 일정한 속도로 돌리다 보면 어느 시간, 페달을 밟지 않아도 저 혼자 굴러가는 속도를 느낄 때가 있다. 특히 코너링할 때가 좋은데, 이건 꽉 찬 공기 속으로 나를 집어넣는 일 같기도 하고, 반대로 내가 이 세상의 빈틈 한구석을 채우는 행위 같기도 한 것이다. 늦은 밤 단지의 나뭇잎들이 수런거리는 시간. 약간 헐거워서 발가락을 지나 발등까지 빠져나온 슬리퍼를 신고 자전거의 페달을 밟는 것은 내게는 부실한 하체의 근육을 단련하는 일이기도 하고, 분명 푸들 플러스 알파의 자손인 206동 얼룩 댕댕이의 산책을 확인하는 일이며, 이래저래 흘러가는 시간 속에서 내내 밟다가 발을 떼는 순간, 내 의지 아래 있는 그 명확하고도 소소한 관성을 느끼는 일이기도 한 것이다. 단지 가장자리를 돌아오는 코스에서 왜 그 수많은 나뭇잎이 오직 단 하나의 나뭇잎으로 보이는가는 아직 내가 답을 찾지 못한 질문이기도 하다. 그러니까 나는 자전거를 타고서 바라보는 모든 나뭇잎이 어떤 단 하나의 나뭇잎으로 보이는데, 그것을 느리고 오래도록 바라보는 것 같은 느낌이 드는 것이다. 물론 착각이겠지만, 나는 그런 것들을 그렇게 바라보며 사는 일도 꽤 괜찮다고 생각하게 되는 요즘이다.

3.

언젠가 문득 엄마와 통화를 하다가, 이런저런 얘기 끝에, 엄마는 아빠랑 어떻게 살았어. 물은 적이 있다. 딱히 궁금해서 물은 건 아니었는데, 나는 네 아버지랑 산 게 아니고 슬리퍼 짝 맞추며 살았다. 라는 답이 돌아왔다. 아버지가 사고 칠 적마다 그만 살겠다고 집을 나오면 하루 이틀 버티다가 새끼들 생각에 되돌아오던 길, 동네 어귀, 신발 집에서 검정 고무 슬리퍼 하나를 사면서 그 슬리퍼가 다 떨어질 때까지만 살겠다고 다짐했지만, 단 한 번도 두 짝이 동시에 떨어진 적이 없었으므로 왼쪽이 떨어지면 같은 슬리퍼 하나를 더 사서 짝을 맞추고, 다시 오른쪽이 떨어지면 남은 왼쪽 슬리퍼로 짝을 맞추며 그렇게 살았다고 했다. 물론 엄마는 우스갯소리처럼 한 말이었겠지만 그렇다면 우리 가정을 지킨 것은 그 슬리퍼가 아닌가. 생각한 적이 있다. 그렇다. 그런 대단한 일을 해낸 것은 신은 아니었을 것이다. 운명도 아니었고, 그건 그저 슬리퍼 한 짝이 해낸 일이다. 그래서 나는 세상 그 어떤 슬리퍼도 홀대할 수가 없다. 비록, 적정한 텐션을 잃어 헐거워진 내 슬리퍼는 지금 발가락을 지나 발등에 걸쳐져 있지만. 이 슬리퍼가 어떤 일을 해낼지는 아무도 모르는 일이다. 그러면서 나는 생각하게 된다. 엄마는 돌아오기 위해서 떠났으므로, 엄마의 슬리퍼는 어떤 일이 있어도 그렇게 꼭 한 짝씩만 떨어져야 했던 건 아닐까 하고.

그 이름은 sweet pea

  헬렌과 스콧 니어링*이 산속 오두막에 살면서 봄마다 이웃을 찾아갈 때 한 아름씩 안고 갔던 꽃. 센과 치히로의 행방불명에서 치히로가 맨 첫 장면에 들고나왔던 꽃. 그리고 치히로가 센이 되어 하쿠와 나란히 앉아 울먹이던 그 덤불숲 기억나? 그것도 작은 콩꽃의 덤불이었어. sweet pea. 이 꽃의 이름은 sweet pea야.

  지금 우리 아파트 근방으로 이른 봄부터 사방 천지 조용히 피어오르는 꽃. 그 꽃. 이 꽃의 이름은 스위트피야. 그가 이렇게 말하면서 어떤 표정을 지었나. 그건 나

---

*책 『조화로운 삶』의 공저이자 부부. 최소한의 생계를 위한 노동을 하며 자급자족하는 삶을 살았다. 생태노동 4시간, 지적활동 4시간, 친교 활동 4시간 등 대안적인 삶의 방식을 구체적으로 제안하고 철저하게 실천했다. 실천하는 자연주의자, 채식주의자, 평화주의자 등으로 불린다. 자연 안에 단순한 삶을 통해 인간성을 회복하고자 했다.

는 알지만 너는 모르는 것들을 말할 때 대개의 사람들이 무의식적으로 짓는 표정 같은 것이었다. 일종의 자기과시. 하지만, 그때의 나는 뭐 어쩔 수 없다고 생각했다. 과시든 잘난 척이든 그런 것들이 중요하지 않을 만큼 그 순간 내겐 무언가 큰일이 벌어지고 있었으니까. 문득 사방이 고요해지며, 양쪽 귀 옆으로 나만 아는 크기로 펑펑 터지는 폭죽들과 조금 전까지 발바닥 아래 멀쩡히 밟혀있던 중력이 살짝 헐거워진 느낌이랄까. 아니 누군가에게 꽃의 이름을 알려주는 방식이 이렇게나 참신하고도 사랑스러울 일인가. 한 방에 가는 경험이란 이런 거로구나. 이건 매우 위험한 인간이 아닐 수 없다. 나는 순간 그런 생각을 했던 것 같다.

생각해 보면 그건 매우 전형적인 작업용 멘트였다. 하지만 그때의 나는 순진했던 건지, 그러고 싶었던 건지, 그런 류의 합리적 의심을 할 새가 없었다. 저 위험한 인간이 주로 언제 어디서 나타나서 사라지는지를 오차 없이 계산하고 기억해서 그 앞에 마치 우연인 듯 매우 자연스럽게 나를 등장시켜야 했기 때문이었다. 내게는 하얗게 불태운 무수한 밤과 낮의 계획들이 그에게는 부디 야무지게 시치미를 뗀 우연이기를. 나는 그런 것들을 바랐었다.

집으로 오는 버스 안, 이제 막 시작된 여름 장마에 퇴근 시간까지 겹쳐 이리저리 치이는 사람들 사이에서 나는 비에 잘 버무려진 파김치 같은 것이 되어 한 손에는 우산을 다른 한 손에는 손잡이를 부여잡고 있다가, 아침에 그는 자판기 옆을 지나가던 나를 보았을까를 생각하다가, 니어링 부부와 스위트피 라니 하며 피식 웃음이 났다. 그것은 내가 서 있는 버스 안에서 가장 먼 곳에 존재하는 단어들처럼 느껴졌고, 실제로도 그랬다. 조화로운 삶을 말하며 어느 순간, 도시 지식인의 삶에서 버몬트 주 산속으로 들어가 농사를 짓고 살았던 헬렌과 스콧은 고기도 안 먹고 가축도 기르지 않았으며 생존을 위해서 하루 4시간 노동을 했다고 한다. 세상에 4시간이라니. 그들은 돈이 있었던 걸까, 시간이 있었던 걸까. 아니지, 그렇게 살겠다고 하면 당장 등짝 스매싱을 날릴 근육이 남다른 엄마가 없었던 걸 테지, 뭐 이런 생각을 하다가 그런 단어들이 내게서 이렇게 먼데 그것을 그렇게 우아하게 말하던 그는 얼마나 멀리 있는 것인가를 생각했다. 자꾸 그에게로 끌려가는 구심력과 반대로 그에게서 멀어지려 하는 이 원심력의 이유가 나의 초라함인지 그의 위험함인지 도통 알 수 없어질 때쯤, 나는 머리 위 버스 벽에 붙어 있는 정류장 노선표의 이름들을 되뇌곤 했다. 무슨 무슨 시장, 어떤 중학교, 다리 같지 않지만 다리라고 불리던 낮은 언덕 위의 굴다리, 그리고 헬렌, 스콧 니어링, 그리고 스위트피. 그들이 살던 버몬트주, 메인주 같은 것을. 그러면 좀 나아졌다. 물리적으로도 확실히 그랬다. 그때의 나는 버스의 종점 근처에 살았기 때문에 집에 가까워질수록 버스에서 사람들이 사라졌고, 사라지는 사람들이 남기고 간 자리나, 창이나, 노을 같은 것들이 그 자리를 채웠다. 다소 편안해진 그 공간에서 나는 그들이 남기고 간 것들에 앉거나 기대어 그대로 잠이 들었다. 그리고 그렇게나마 기댈 수 있는 것들이 그토록 가까이에 있었다는 것은 내겐 무척 다행이었다. 그때의 나는 손잡이든, 우산이든, 창틀이든, 몸을 붙들 수 있는 것은 마음도 붙들 수 있음을 알 만한 나이는 아니었다. 다만, 그렇게 자고 나면 종점이었다. 간혹 비가 그쳐 있거나, 해가 져 있었다.

독서 에세이답게 바보 마을 헤움을 생각하다가 그때의 생각이 났다고 적어보고 싶지만 그건 사실이 아니므로, 그냥 그런 마음만 있었다고 적어야겠다. 사실, 세상 사람들에게 바보 소리를 들으며 산속으로 들어갔다고 해서 진짜 바보라고 하기엔 그들의 삶의 궤적이 너무 아름답다. 그리고 그 시절 나의 궤적 또한 다른 의미로 그러하다. 그러므로 진정 아름다운 것 앞에서는 바보 소리 좀 들어도 괜찮지 않을까, 라고 용기를 내어 생각해 보기도 한다. 그 아름다움의 대가는 실로 혹독할 수 있으나, 그렇다고 해서 아름다움이 상쇄되는 것은 아니니까. 혹독함은 그것 나름의 이유로 거기 있으니 말이다. 그렇다. 우리는 그것이 다행인지 불행인지 모르는 것이다. 바보라고 하는데 전혀 바보가 아닌 사람들의 이야기가 있는 것처럼, 우리는 어떤 것이 정답인지 모르는 것들 사이에서 정답을 찾지는 말아야겠다. 그저 아름다운 것을 쫓아가는 것. 그것이면 되지 않을까.

꼰대들 속에 살기

    지금 시각은 일요일 오전 6시 45분. 비가 내리고 있다. 빗소리에 잠이 깨서 침대에 누운 채로 한참을 멍하게 빗소리를 듣다가, 아차 글을 써야 한다는 생각에 서둘러 책상에 앉는다. 설마 물 한 잔 마셨다고 글이 뚝딱 써질 리는 없고, 한참을 깜빡이는 커서를 바라보고 있다. 버릇이다. 그냥 바라보고 있는 것. 아무것도 하질 않고 그저 십 분이고, 한 시간이고 멍하니 있는 것. 생각해 보면 좋은 버릇은 아니지 싶다가도, 한편으로는 이것이 너무나 안온하게 느껴지는 것이다. 그러니 좋지 않은 것들을 모두 좋지 않다고 단정 지을 것은 아니지 않나 생각했다. 누군가에게는 그런 시간도 필요한 것이다. 매일매일 똑같은 길을 달려가는 일은 그리 쉽지 않고, 우리는 가끔 동굴이 필요한 포유류이기 때문이다. 안온함은 좋은 것이다. 적어도 지금의 나에게는 그러하다. 익숙한 무언가를 계속해도 된다는 것, 그래도 아무 일도 일어나지 않는다는 것. 아무 일도 일어나지 않으므로 다행이라는 것. 그러니까 나는 여기까지 적고서야 내가 우울하다는 것을 알게 되었다.

  2주 후쯤이다. 어쩌면 그보다 빠를지도 모른다.

  7년간 함께 같은 일을 해온 동료의 퇴사는 사실, 한두 달 전에 이미 정해졌던 것이었는데 나만 그것을 부정하고 있었는지 모른다. 나는 그간 너무도 편안했다. 우리는 언제까지나 이곳에 있을 수는 없으니까, 언젠가는 각자의 길을 가겠지만, 그 언젠가를 딱 언제로 규정하지 않았던 것이 지금 나를 지탱한 힘이었을지도 모른다. 어쨌거나 우리 중 누구도 언제라고 말하지 않았지만, 그날이 다가오는 것이 확실해진 후로 나는 자주 멍해지고, 가끔 선명해진다. 말하자면 그 선명해지는 가끔의 며칠이 매우 힘이 든다. 그럴 때면 어김없이 질문을 해야 하기 때문이다. 나는 이제 어떻게 살 것인가. 어느 선명한 날, 이런 질문 속에 있다 보면, 나는 다시 상기하게 되는 것이다. 꿈이 아닌 일을 하며 살아가는 것은 또 얼마나 어려운 일인가, 라고.

  그녀와 내가 함께했던 일은 내가 딱히 좋아하는 일도 아니었지만, 또 생각해 보자면 그것이 내게 준 안정감을 부인하기도 힘든 일이었다. 그것은 내게 어떤 우연처럼 주어진 일이었다. 우연이어서 그저 조금 하다가 말겠지, 그냥 잠깐 나를 스쳐 가는 일 정도로 가볍게 생각했다는 것이 맞을 것이다. 나는 그저 누군가가, 언젠가, 어떤 이유로 이것을 그만두게 해주겠지라고 생각했던 것 같다. 그러니까 그 누군가가 나는 아니었고, 그 언젠가도 내가 정하는 것이 아니었다. 그러니 그것은 애초부터 내 꿈이 될 수 없었다. 그 일 자체의 문제였다기보다, 또한 그것이 내 꿈이 될 수 없을 만큼 하찮은 일이어서가 아니라, 그것이 내가 선택한 것이 아니었다는 생각에서 오는 일종의 합리화였다. 내가 하는 일이 꿈이 될 수 없다면, 그저 그 일을 꿈처럼 해내면 되는 일이었지만, 그런 의지는 아무에게나 주어지는 것이 아니었다. 오롯이 그 선택에 대한 책임도 함께 짊어진 자들의 것. 의지는 그런 사람들의 것이었다. 그러니까 이 우울의 본질적 문제는 이 일이 나의 꿈인가, 아닌가처럼 단순한 문제가 아니었다. 그것은 지난 몇 년간, 이런 혼돈 속에 놓여 이처럼 질퍽하고 혼란스러운, 그렇지만 꼭 필요했던 질문을 나 스스로에게 하지 않았던 것에 있었다.

  그러므로, 삶을 살아가며 적재적소에 꼭 필요한 질문을 품으며 살아간다는 것은 얼마나 큰 재능인가 생각해 본다. 어쩌면 상대방의 옳은 말이 옳은 말로 오지 않는 것도 그에 합당한 질문을 가지고 있지 않은 나의 탓일 수도 있는 것이다. 옳은 말은 옳은 말일뿐이지만, 이 세상 수많은 책 속에 그 무수한 옳은 말들도 내가 들을 준비가 되어있지 않다면 그것은 그저 거대한 한무리의 꼰대일 뿐일테니 말이다. 한없이 우울하고, 질문은 늘고, 누군가의 옳은 말이 간절해지는, 우리 인생에는 그런 날도 오는 법이므로, 우리는 늘 옳은 말속에 있어야겠다. 그 꼰대 같은 무리 속에서 필요한 질문을 품는 일을 게을리하지 말아야겠다. 사실 지금 이 순간 그것 말고는 도무지 길이 보이지 않기에.

그녀, 거기 잘 지내는지

> 버스정류장을 지나면 오래된 공원이 있고 공원이 끝나는 언덕에니 끄트머리 바닥에 엉덩이를 슬쩍 걸으려 앉는 아름드리 나무 한 그루가 있고 해거름을 따라온 빛 조들을 반아먹는 창이 있다. 밤마다 차를 넘는 달빛은 하얀 머리맡이 어둡거리는 곁에 앉는 바람이 책상이 있다. 책상위 임다가 덮은 듯 책상 소에는 따말죽을 든 그림들이 투툭여려 떨어떨니다. 그녀는 아마 거기는 풍경 안에 산다. 한때 신발문앞 담벼락에 때로 돌벽 나무 쪽으에 슈이 그녀가 쥐어준 노랫말을 읽기도 했었지. 그러나 이미 경시무에 접어둔 세사는 산발성처치 걸쭉거려이만 했었지 은중 그녀에게서 아슴한 감나무 향이가 난다. 시내 지하상가 꽃집에 파트타임으로 일하는 그녀는 국화꽃을 우쳐 좋아 했는가 보다. 일터를 오신 M동이 때 그녀는 자신양의 무뚝뚝대를 밀러이며 남해떡앙을 건녤 것이다. 그녀의 짝가슴사이를 소리없이 지나가는 해바벌도 오늘도 여땃하다. 여기 음밭에 서내는 바람소리를 잊고 언덕너머 신겨본 길탐에서 번지는 풀 빌에 울음소리를 잊고 사랑에 막 눈뜬 것처럼 물고소래해진 척 나쭉이 사나가를 면하며 밖이다 본다. 그녀는 없고 바안으로 흐릇 일몸이 돈다.
>
> 그녀이야기, 황효

190
태하정

그녀는 없고 방 안에는 온통 밀물이 든다.

  그녀는 없고 밀물이 든다는 것이 그녀가 괜찮다는 것인지 아니라는 것인지 오래도록 생각한 적이 있다. 딱히 이유를 설명할 수 없지만 누군가 내게 그 여름을 물어온다면 '그녀는 없고 밀물이 드는 그 방'이 제일 먼저 떠오른다.

  촌각을 다투는 아침, 지각과 지각이 아닌 틈새를 가르며 정신없이 아이를 유치원에 데려다주고 오던 길. 그 길에서 맥없이 풀리는 다리를 간신히 옮기며 나는 그녀가 없는 방을 생각했다. 주말이면 단지를 빙 돌아 키가 작은 소나무 길을 따라 도서관으로 가곤 했었는데, 그 길에서도 밀물이 든다는 것이 그녀의 앞날이 밝다는 것인지 그렇지 않다는 것인지에 대해 생각했었다. 모두 잠든 밤, 욕실 거울 앞에서 발견하게 되는 머리카락에 붙은 마른 밥풀을 보면서도 나는 무심히 그녀는 안전한가, 생각했던 것 같다.

  비가 잦았던 그 여름, 어쩌다 우연히 찾은 그의 블로그에서 읽었던 시였다. 그저 그뿐이었다. 그저 그뿐이었을 텐데 그때의 내겐 그뿐이 아니었던 건지, 내가 이 마트와 저 마트의 매대를 돌며 같은 상품의 가격 몇백

원을 고민하는 동안, 지구는 성실히도 태양을 몇 바퀴나 돌아 그와 나 사이에 이 시를 놓았구나, 시간과 공간의 개념이 이렇게 환산되니 그 수식은 내겐 '그뿐'이라고 적기엔 뭔가 더없이 불공평해 보였다.

남편은 아직 오지 않고, 아이가 잠든 밤이면 나는 지친 몸을 이끌고 컴퓨터 앞에 앉아 마우스를 손에 쥐었다. 그리고 커서에도 발꿈치가 달린 듯 매우 조용하게 그의 블로그를 뒤졌다. 그가 정말 내가 아는 그인지, 그가 맞는 건지 알고 싶었다. 그러다가 문득 그가 맞으면 어쩌나 두렵기도 했다. 불도 켜지 않은 방, 화면에서 흘러나오는 희미한 빛에 기대어 그의 흔적을 이리저리 더듬는 동안 책상 옆 커다란 통창으로는 비가 내렸고 또 그쳤다. 창으로 내리고 그치는 것이 마치 화면의 달뜬 커서마냥 사선으로 깜박였던 것 같다.

금요일의 퇴근길은 유독 힘들다. 차가 많고 불빛도 많으며 간간이 노을도 지기 때문이다. 내 오른편으로 지는 차창에 박힌 네모난 노을은 무심히 붉다가 이내 푸르스름하게 사위로 내려앉는다. 마음이 없는 것들에 자주 다치는 것은 습관인 걸까 생각하다가 나는 한 구절 소리 내어 시작한 그 시를 마지막까지 외워내지 못한다. 보통의 나무들보다 한 뼘은 작았던 단지 뒤 소나무들은 어쩌면 그들의 간격으로 나의 보폭을 따라 걷고 있었을지도 모르겠다. 아이의 손을 잡고 뛰던 아침에 그 길을 채우던 바람과 몰아쉬던 숨결, 그리고 그 1분을 남긴 안도감이 그때의 나를 지탱해 주던 호흡이었음을 나는 이제야 알 것 같기 때문이다. 언제 붙었는지 종일 아무도 말해주지 않은 머리카락에 붙은 마른 밥풀을 비추던 거울 앞에서 내가 궁금해했던 그녀의 안전이라는 것은 어떻게 해도 그때의 나는 알 수 없는 것이었다. 우습게도 나는 블로그의 그가 내가 알던 '그'였는지조차 지금도 확신할 수 없다. 다만 그대로 아름다워서 마지막까지 외워내지 못한 시처럼, 어떤 것들은 그저 확신할 수 없는 채로 두어도 괜찮다는 것을 알 나이가 되었다. 그녀는 없고 밀물이 들지만 그럼에도 괜찮은 거라고. 가다 서기를 반복하는 앞 차의 붉은 후미등이 깜박인다. 천천히 숨을 고르며, 이 순간 이런 공기를 다루는 법을 알아가는 것이 결국 살아가는 것이라고 나는 묻지도 않은 답을 한다. 그러다가 가만히 숨을 참고 이내 한 마디 건네 본다.

  그녀 거기, 잘 지내느냐고.

그 여름 콜롬비아가 내게 물어왔다.

내가 이 작은 커피숍을 발견한 때는 한 여름으로, 기억하기론 더위가 초절정에 이른 7월의 한낮이었다. 근처의 협력사에 볼 일이 있어 고객과 함께한 일정이었고 일정 중간에 30분쯤 시간이 비어 우린 어디로든 더위를 피할 곳을 찾아야 했다. 허름한 상가건물 뒤쪽에 그런 곳에 있음 직한 해장국집, 선술집 사이에 그 커피숍이 있었다. 그러니까 누가 보기에도 그런 곳에 있음 직한 커피숍이었다.

아아 3잔이요. 주문을 하는데 덩치는 산만한 젊은 남자가 포스기를 앞에 두고 무척 당황한 눈치로 계속 뒤쪽을 살핀다. 그 시선을 따라가 보니 그 끝에 아마도 남자의 엄마인가 싶은 연배의 여인이 기계 앞에서 한창 분주하다. 커피 가루를 털어내고, 김이 나는 스팀 우유를 잔에 따르는 여인의 태가 어딘가 맵다. 굳이 보지 않아도 필요한 기구가 양팔의 동선 안 어디에 있는지 아는, 많이 해본 자만이 가질 수 있는 여유와 속도를 잘 버무려 놓은, 그런 맵고 깐깐한 태.

 장애인인가 봐요. 가족이 같이 하나 보네. 콩을 직접 볶는다는데요. 함께 간 동료는 우리들만 들을 수 있는 데시벨로 묻지도 않은 것들을 연신 브리핑 중이고, 아, 잘못 들어왔나, 난감해진 나는 주문을 취소할지 고민한다. 그렇게 어정쩡하게 서 있다가 어쨌든 취소는 어렵겠다고 판단한 순간에야 나는 자리에 앉는다. 대개의 시선으로 보자면 지저분하고 낡은 것들이 켜켜이 쌓여 있는 공간. 우연히가 아니고서야 누가 이런 곳에 커피를 사러 올까 싶다. 무언가 기대보다 낮고 누추한 것들이 딱딱하고 전혀 친절하지 않은 의자와 함께 놓여 있다. 비뚜름하게 앉아 무심하게 공간을 훑다가 문 앞에 쌓아 둔 포댓자루에 시선이 멈춘다. 흐릿해져 먼지처럼 적힌 콜롬비아. 콜롬비아. 나는 콜롬비아가 어디에 붙어 있는 나라인지 생각해 보다가 내가 그것을 정확히 알지 못한다는 데 조금 놀란다. 많이 들어 익숙하다고 생각하던 것들이 낯설어질 때, 내가 무언가 모르고 있다는 것을 알게 될 때, 나는 본능적으로 겸손해지는데, 태도가 바뀌니 그제야 지금껏 보이지 않던 커피숍 안의 풍경이 눈에 들어왔다.

사무실에서 차를 타고 족히 10분은 가야 하는 거리. 실로 다양한 메뉴와 합리적인 가격을 장착한 프랜차이즈 커피숍이 넘쳐나는 신도시에서 그 구도심의 작은 커피숍은 일단 내게서 멀다. 종종 그 커피를 마시고 싶다고 말하면 동료 중 누군가는 '너무 멀잖아. 그 커피가 정말 맛있어서 그런 거야? 난 모르겠던데'라고 말하곤 한다. 그도 그럴 것이 나는 커피를 딱히 즐기는 타입도 아니고 더구나 취향을 가릴만한 내공도 없어서, 문제는 나조차도 왜 그 커피를 찾는 건지 알 수 없다는 데 있다. 그런데 왜 굳이 라는 눈총을 받으며 차로 20분을 왕복하는 나를 그저 동료들은 의아하게 바라볼 뿐이다. 그 거리를 왕복하는 동안 커피는 늘 미지근해지고, 계절에 따라 온기나 냉기를 잃은 그것을 책상에 놓고 나는 멍하니 바라보게 된다.

때로 제 온도로 다가서는 것의 날카로움이 가슴을 스칠 때, 정해진 답이 없는 난감한 상황에서 선택이란 걸 해야 할 때, 도통 앞이 보이지 않는 크고 작은 두려움 앞에 설 때, 왜 이런 곳에 라며 의아해했던 그 여름날의 나로 돌아가는 것. 기준보다 낮고 누추한 것들 사이에서 맵고 고집스러운 태로 내리던 그 커피 향을 기억하는 것. 그것은 내 기억 속 어떤 '처음'과 닮았고, 그 '처음'을 생각하면 가끔은 용기란 게 생기기도 한다.

  서로의 사연도 모르고, 어떤 이유도 없는 것. 그저 말 없이 뜨겁거나 차가운 커피를 사 가는 손님. 주문한 커피를 더듬더듬 따라 말하며 서툴게 포스기를 누르는 남자. 그 속도를 한 여인은 저 안에서, 나는 이 밖에서 무던히 기다려 주는 것. 그리고 그 낮고 누추한 것이 거기 오래 있어 주길 바라는 작은 '지지'를 담아 담담하게 커피를 받아 드는 것.

  그러니까 왜냐고.

  그 여름, 콜롬비아가 내게 물어 왔다.

코너로 몰리는 이유

 이렇게 높은 곳에 있었나. 구불구불한 도로를 따라 미술관으로 오르는 길이 낯설다. 실로 오래전에 와봤던 길이긴 하나 내가 잊고 있던 것엔 이런 것들의 '경사'도 있었구나 싶은 것이다. 이 도로의 기울기 따위를 잊을 만큼 지금의 나는 이곳에서 멀리 있다는 깨달음. 그 거리가 주는 생경함.

 날씨 탓일 거라 짐작해 보지만. 보통 때라면 온라인 예매든 현장 예매든 표가 없어야 하는 이 전시에 표는 있고 사람은 없다. 몇십 년 만의 한파라며 여기저기서 여러 말이 오갔는지 입장 시간을 기다리며 홀을 서성이는 사람들의 옷차림이 두툼하다. 나는 딱히 여러 말을 들은 건 아니지만 발목까지 내려오는 롱패딩에, 귀도리 모자, 팔목 안쪽까지 덮는 울 장갑까지 끼고는 자꾸 더 잊은 게 있는 사람처럼 주머니를 더듬는다. 주머니에 손을 넣고 받은 표를 세본다. 그러면 안심이 된다. 기다림의 이유나 서성임의 명분을 손에 쥔 기분. 그리고 아까부터 계속 폰을 떨어뜨리는 건 아마도 장갑 탓일 거라고 생각해 본다.

　전시회는 사람이 없다고 바로 입장이 가능한 건 아니어서, 나는 이미 기다리는 사람들 무리에 섞여 마치 많이 기다려본 사람처럼 각지고 익숙한 구석을 찾아 앉는다. 뒤와 옆이 안전하게 막혀있는 구석 자리. 예전에 그러니까 친구였나, 선배였나 그중 하나였을 누군가가 구석이 안전한 이유는 '뒤나 옆을 딱히 경계하지 않아도 되는 것'이라고 말한 적이 있다. 나는 그때 우리가 진지하게 고민했던 안전이라는 게 고작 이런 구석 자리에 있다는 것에 동의할 수 없었지만 묘하게도 수긍이 되는 말이라고 생각했었다. 아, 그래서인가, 경계하지 않아도 되는 방향으로 생을 기대며 살아가는 사람들이 자꾸 코너로 몰리는 이유가. 뭐 이런 시답지 않은 생각을 하며, 어쨌든 코너로 몰리지 않으려면 구석 자리는 피하는 게 좋겠다 생각하곤 했다.

　안에 커피숍이 없네. 그가 캔 커피를 건넨다. 캔이 아직 따뜻하다. 이 시간까지 해가 들어오는 창은 분명 남쪽을 기준으로 한 서쪽이라고, 겨울에 남서는 진리라며 나는 안 해도 될 말을 하며 캔을 받는다. 나는 앉았지만 그는 서 있어야 하고, 이런 류의 기다림은 분명 무료한 것이다. 여러 번 놓친 폰의 흔적과 옆과 뒤가 안전한 구석 자리와 아직 온기가 남아 있는 캔 커피, 그리고 남서 방향의 창. 아직 우리는 더 기다려야 할 테지만. 이렇게 따뜻한 걸 그러모으다 보면 어느새 거기에 가 있겠지. 아니 그냥 그럴 거라고 쉽게 생각하기로 한다. 어쨌거나 나는 앉아 있는 것이다.

꿈같은 건 없을지 모르지

우아, 이게 꿈이야.
아니 이건 현실이야.
그런데 꿈 같아.

지하철이 지하에서 지상으로 올라오자 맞은편에 앉은 꼬맹이 둘이 차창에 코를 박는다. 아, 요즘 아이들은 저런 말도 하는구나. 내가 바라보는 방향에서 왼편엔 아이들의 엄마로 보이는 작은 여자가 또 오른쪽에는 아빠구나 싶은 어린 남자가 있다. 그러니까 작은 여자와 어린 남자 사이에 아이들이 있다. 슬쩍 보아도 저건 가족들이 앉는 방식이어서 어린 남자의 무심함으로 그들의 관계를 의심하지 않는다. 창밖을 바라보며 연신 재잘거리는 아이들에게 작은 여자가 계속 주의를 주지만 어두웠다 밝아지는 것들이 대개 그렇듯 아이들은 설레는 것이다.

곧 이 지루한 여정이 끝날지도 모른다는 희망. 기대.

지난밤, 늦은 저녁이 체했는지 아침에 일어나 어지러운 기운에 조금 앉아 있다가 다시 누웠다. 여간해서 출근을 놓치는 법이 없는데 오늘은 출근이 아니라 뭐든 놓쳐야 할 기분이다. 누우면 잠잠해지는 명치가 일어서면 답답한 것이 얹힌 그 무언가가 그쯤에 있나 보다. 몸속 구멍의 크기로 걸러내는 사정이라는 게 꽤 합리적이라는 생각을 해본다. 그러니까 늘 들어오던 크기가 아니면 통과시킬 수 없는 것. 그런 사정.

어리고 무심하던 남자는 지치기도 했나 보다. 조금 전까지 열심히 들여다보던 손에 든 스마트폰이 아슬하다. 몸을 축 늘이고 계속 고개를 떨군다. 고개가 들렸다가 떨어지고 다시 떨어진다. 차창으로 보이던 꿈같은 현실은 이미 지나간 지 오래여서 아이들도 떨어지고 떨어지는 박자에 익숙해진다. 동생으로 보이는 여자아이가 두어 번 자리 투정을 하더니 이내 자기 자리를 떠나 여자의 품에 안긴다. 어떤 역이었나 정차를 알리는 소리와 함께 양쪽으로 몰려드는 사람들로 시야가 가려진다.

대야역 2번 출구에서 어느 방향으로 가야 할까. 그런 것들을 폰으로 한참 가늠하다가 그냥 많은 사람들이 가는 방향으로 따라가 보기로 한다. 가다가 아니면 되돌아오면 된다. 되돌아오는 길을 잃지 않도록 바닥에 돌멩이를 떨어뜨리듯 시선 속에 간판들을 담는다. 현대아파트, 메밀촌 막국수, 힐 커피, 남서울 정형외과.

  꿈인가. 현실인가 아니면 꿈같은 현실일까. 지하철에서 본 어린 남매의 재잘거리던 소리가 아직 귓바퀴를 돌고 있다. 가슴의 체기를 가라앉히는 방법은 그저 걷는 것이라고 무심히 중얼거리며 걷는다. 떨어지고 떨어지는 박자에 익숙해지고, 시야가 가려지는 일들 사이에서 걷다 보면 골목이 있고, 그 골목을 돌아도 내가 바라는 꿈같은 건 없을지 모르지. 하지만 그래도 괜찮지 않을까.이 여정은 곧 끝날 테니.

가로등의 자세

휴일, 내가 걷는 길은 보통 하나다. 가끔 두 개인 척 하며 목적지를 달리하지만 사실 그런 목적지는 경유지일 뿐 최종 목적지는 아닌 것이다. 그러니까 집에서 도서관으로 가는 이 동선은 내가 근 몇 년 전부터 집 밖을 걸어서 돌아다니는 유일한 길이다.

아이가 어릴 적에는 집에서 출발해 집으로 오는 동선의 경유지도 다양했다. 경유지에는 아이의 어린이집도 있었고, 세 그루의 메타세쿼이아가 있는 단지 내 놀이터도 있었다. 물론 당시 세일의 성지였던 아파트 앞 홈플러스는 단골 경유지였는데 왜인지 그 동선의 분주함은 봄이 오던 시기에 몰려 있었다. 딸기나 상추같이 유독 여린 것들이 라벨을 달고 매대에 오르는 시기. 단톡방 맘들이 올려주는 할인 정보를 따라 나는 부산히도 그 길을 오갔었다. 내일이면 물러져 상품의 가치를 잃고 버려질 것들을 봉지 가득 담아들고 그 밤 나는 이제 하나둘 켜지는 가로등 밑을 걸어 집으로 왔다. 무언가 제값을 치르지 않은 포만감이 우리의 오늘을 간신히 지켜주는 듯 안도하며.

그때는 그랬다. 나는 그런 포만감으로 오늘을 지켰다는 생각이 들다가도 문득 시간이 흐른 어느 때 내가 언제나 `여기`에 있을까 두려워지곤 했다. 어느 곳에도 완전히 속하지 못한 불안감이 발꿈치를 따라다닌 시기였다. 밤늦게 톡을 확인하고 두 봉지가 남았다는 반값 감자를 사러 가던 날, 허탕을 치고 돌아오던 내 발등을 비추던 가로등 불빛. 급하게 나오느라 아무렇게나 끌고 나온 헐거운 슬리퍼 구멍으로 양말도 신지 않은 맨발이 걸을 때마다 나왔다 들어갔다. 그 길에 서서 나는 가로등이 굽어보는 게 아무것도 신기지 못한 내 발등이거나 나의 정수리 어느 부분이란 생각에 잠시 멍해졌던 것 같다. 그것은 속까지 다 들킨 부끄러움이었고, 동시에 그것을 넘어서는 따뜻함이었다. 비록 아래를 굽어보는 가로등의 자세란 게 자신의 의지일 리는 없겠지만 그럼에도 그것은 분명 달빛보다 가까운 위로였다.

커피를 한잔 사 갈까 해서 방향을 틀었던 길이었다.

그동안 나는 내가 살던 단지에서 두어 번의 이사를 했고 그곳에서 그리 멀지 않은 단지로 한 번 더 이사를 했다. 이 세 번의 이사가 물리적으로 벌려놓은 거리는 고작 1킬로 남짓일 테지만, 시간을 먹은 거리가 항상 그런 식으로 계산되는 것은 아니어서 나는 아득해지는 것이다. 그 놀이터 벤치에 앉아본다. 아이의 엉덩이를 쫓느라 고만고만한 아이들의 키우며 그만그만하게 쌓이는 고뇌를 수다로 승화시키느라, 그때는 보이지 않았던 여백들이 눈에 들어온다. 가끔은 이렇게 보아야 했다. 그 벤치에 내 우울이나 슬픔을 앉혀두고서 나는 그것이 내 것이 아닌 양 조금 떨어져 그것들의 앞과 뒤를 살펴야 했다. 그랬다면 그 시절 저렇듯 서서 무던히도 나를 위로했을 저 메타세쿼이아를 볼 수도 있었겠다. 하지만 나는 안다. 누구나 결코 가벼워질 수 없는 어떤 한 시기를 지나게 될 때는 시선이고 마음이고 어쨌든 표면적을 줄이지 않고서는 도저히 한순간도 견딜 수 없겠다 싶을 때도 있다는 걸 말이다.

커피를 한 손에 들고, 이제 일어서 봐야지. 어느새 바뀌어 있는 보도블록의 모양 같은 걸 확인하며 가로등을 따라 걷는다. 나는 더 이상 두 손에 봉지를 들고 이 길을 걷지 않지만, 내용물이 바뀐 더 많은 봉지를 들고 선 느낌이다. 지금 내겐 어쩌면 더 많은 가로등이 필요할지 모르겠다고 생각해 본다. 가로등의 굽어보는 자세

같은, 아무 의미 없는 것들이 별 이유 없이 그곳에 존재한다는 것만으로도 세상의 한 시기가 지탱되고 유지되는 것일지 모른다고 말이다. 보도블록이 끝나고 오른편으로 공원을 끼고도니 저만치에 도서관이 보인다. 동선이 바뀐다고 해서 최종 목적지가 바뀔 수 없다는 걸 시간을 먹은 거리가 알려 준다. 적어도 세월이 충분히 흐른 어느 때, 내가 아직도 '여기'에 있을까 봐 두려운 한때는 지나간 것 같다고. 내 길이었고 언제나 내 길일 그것이 부끄러움을 넘어서는 따뜻함으로 여기 함께 있다고.

너의 이름은 달님

 평일 늦은 밤인데도 이곳엔 사람이 많다. 퇴근길에 고양이용 습식사료를 사러 들린 길이었다. 이 시간, 창고형 대형마트의 분주함이 예상 밖이라 생각하며 나는 입구에서 걸음을 멈춘다. 어디였더라. 워낙 늦은 시간이라 마감 시간이 코앞이다. 빠르게 물건을 찾지 못하면 낭패이다. 나는 일단 코트의 윗 단추 몇 개를 채운다. 긴장하면 나오는 버릇이다. 이 넓은 공간에서 참치, 그것도 고양이를 위한, 24캔짜리 습식사료를 찾는 일이란 내겐 이렇듯 긴장되는 일인 것이다. 그래도 오늘은 운이 좋은 편이다. 고양이 사료는 방문 때마다 매번 상품의 위치가 바뀌어 있는 탓에 난감했는데, 오늘은 지난번에 있었던 자리에 있다. 게다가 박스당 4천 원의 할인 알림이 붙었다. 4천 원이나 할인되면 몇 박스나 쟁여야 할까, 우리 집 그분께서는 한 달에 몇 캔 정도를 잡수시나. 뭐 이런 생각을 하다가 나는, 옆에 진열된 강아지용 간식에 눈길이 머문다. 박스에 인쇄된 푸들이 개껌을 물고 있다. 회색. 실버 푸들이다.

여느 때처럼 자전거를 타던 아침이었다. 비가 잦은 계절이라 갑자기 내리는 소나기에 일단 눈에 보이는 가장 가까운 셸터로 자전거를 끌고 들어선 참이었다. 그때였다. 너를 만난 순간. 뭔 개가 저렇게 크게 짖나. 첫인상이랄 게 없는 매우 신랄한 포효. 주인으로 보이는 중년의 남자가 급히 너를 안는다. 너는 계속 짖고, 비는 계속 내리는데, 뭔가가 계속되는 이 와중에 셸터 끝 가장자리에서 안쪽으로 들어서지도 나가지도 못하는 나와 나의 자전거는 너를 등지고 서서 비를 맞는다. 반만 맞는다. 너의 레이저가 정확히 내 뒤통수에 꽂혀있다. 안 봐도 알 것 같다. 너의 거친 숨소리와 너를 달래는 주인의 당황한 숨소리가 내 귓바퀴에서 멀지 않다. 반만 맞는 비는 전부 맞는 비보다 훨씬 차갑다고 생각했던 것 같다.

그 후로 나는 너를 몇 번 더 보았다. 몇 번의 사이에 너에 대한 몇 가지 정보를 얻게 되었는데, 너는 푸들인데, 회색, 그러니까 정확히 미니어처 실버 푸들이라는 것과 초코 푸들과 한집에 산다는 것, 너의 집에는 고양이도 두 마리나 있어서 나름 대가족이라는 것, 그리고 그중 가장 놀라운 사실은 네가 사는 곳이 204동 1102호라는 것이었다. 퇴근길, 우연히 너를 안고 선 중년의 여자를 엘리베이터에서 만나고 사람은 둘인데 한 층만 불이 들어와 있는 엘리베이터 버튼을 확인하던 순간, 며칠 전의 기억으로 엘리베이터 앞에 코를 박고 선 내 등 뒤로 일제히 몸을 세우던 솜털들. 그제야 나는 얼마 전 새로 이사를 왔다던 옆집에 대해 아들이 지나가며 했던 말들이 생각이 났다. 개가 두 마리던데. 고양이도 두 마리나 키운대. 형도 두 명이던걸.

실버인가, 초코인가.

그 후로 나는 밤마다 침대에 누워서 듣게 되는 옆집발 희미한 울음소리의 소유주를 짐작해 보곤 했다. 어느 날은 초코 같고, 또 어느 날은 실버 같았다. 실버 같은 날은 유독 소리가 크고 길었다. 느낌이었지만, 느낌이 확신이 되고 확신이 사실이 되는 일들이 빈번한 세상이어서, 나는 딱히 확인하지 않고도 다 알아버린 것 같았다. 특히 비가 오는 밤, 확연히 들려오는 소리는 틀림없이 너의 것이었다.

고양이용, 흰 살 참치와 게살이 들어있는. 24캔짜리 4박스를 차에 싣고 집으로 온다. 마트에 들어서기 전 실금처럼 내리기 시작한 비는 이제 제법 무게를 가지고 떨어지고 있다. 라디오에서 비가 눈이 될지도 모른다고 했던 것 같다. 뭐가 됐든 좀 오래 내릴 거라고. 비가 오면 들리던 옆집 개소리가 사라진 지 정확히 8개월이 지났다. 지난봄 새로 분양받은 집으로 이사를 간다며 인사를 하던 너의 주인은 너를 안고 있었다. 팔목에 개뼈다귀가 그려진 하얀 붕대를 감고 있는 너를. 이 녀석이 우리 집 돈 먹는 어르신이라며 너스레를 떨며, 그녀는 요즘 병원에 다니는 너의 근황과 아파트 분양가와 금리에 대해 몇 마디를 더 했던 것 같다. 그렇게 나머지 봄과 하나의 여름과 가을이 가고 이제 겨울. 그리고 너의 이름이 달님이라는 것을 안 것은 얼마 전이었다. 카톡을 정리하다가 '푸들 2' '냥이 2'라고 저장된 프사에서 너를 본 것이다. 너를 그렇게 부르는 것 같았다. 달님.

카톡에는 '2012년 9월 1일~ 2023년 9월 15일 달님아 많이 사랑한다.' 라고 적혀 있었다.

너는 오늘, 이렇게 무겁고 오래 내리는 비에도 짖지 않을 것이다. 너의 이름은 달님. 나는 너의 이름을 좀 더 일찍 알았다면 좋았겠다고 생각해 본다.

오늘은 달이 없다. 비가 오기 때문이다.

감나무가 있었다.

스무 살 무렵 보았던 감나무가 있다. 내가 그 당시 보았던 나무는 한두 그루가 아니었겠지만, 내가 반드시 보아야 했던 나무는 그 한 그루였겠구나 생각하게 된다.

계단이 많아서 필연적으로 동네의 맨 꼭대기에 위치해야 했던 그 집에 있던 감나무는 감나무지만 접목을 하지 않아 감이 열리지 않는다고 했다. 그래서 잎이 저렇게 큰 거라고. 감이 열리지 않는 감나무라니. 공교롭게도 동네의 맨 꼭대기에 있던 감나무집 바로 아랫집이 우리 집이었다. 공교로운 것과 필연적인 것이 만나 얇은 슬레이트 지붕하나를 사이에 두고 비나 바람 따위를 공유하는 구조. 나는 그곳에서 스무 살 무렵의 몇 해를 살았다. 창을 열어도 벽이 보이는 원초적 부조리 앞에서 벽 뒤의 벽과 창 뒤의 벽 중 어떤 것이 더 참을 수 없는 것인지. 감나무이지만 감이 열리지 않는 저 나무의 사연은 평범한 서사인지 상실인지, 그런 것들을 생각하곤 했다. 도무지 그런 생각들은 결론이 없었고, 결론은 없었지만 유용했다. 시도 때도 없이 등장하는 그 시절의 신파 같은 자기 연민은 항상 철없는 아버지의 빚보증이나 사기로 시작해서 창을 열어도 벽인 그 집으로 점철되곤 했기 때문이다. 엄마는 딱 두 계절을 살 집으로 이 집을 고르면서, 그래도 감나무가 있더라고, 했다. 그러니까 그런 말은 우리 가족 중에 엄마만이 할 수 있는 말이었다. 근처 누군가에 의해서 자주 벼랑 끝에 몰려 본 자만이 할 수 있는 잠시 짬을 내어 끊어보는 롱테이크. 책임져야 할 것들을 어설프게라도 파악하고 있는 사람만이 찍을 수 있는 희미한 쉼표 같은 것.

두 계절이 몇 해가 되도록 창을 열어도 벽만 보이는 상황은 나아질 기미가 없었고, 우리는 지쳐가는 것인지 이 상황에 적절히 적응되어 가는 것인지 점차 알 수 없게 되었다. 생각해 보면 삶이 원한 것은 아무래도 상관없는 것이었다. 우리가 지치든 적응하든 그런 것 따위를 지켜보기엔 삶은 터무니없이 거대하고 무관심했다. 딱 두 계절이라면 참아 볼 수 있다고 생각했던 상황들은 웬걸, 도무지 몇 년을 안 참을 도리가 없었다. 참는 것 말고는 할 수 있는 게 별로 없었기 때문이기도 했다.

그러니까 그 별로 없었던 것들 사이에 그 감나무가 있었다.

늦은 밤, 게다가 비도 오는 그렇고 그런 밤.

동네 초입 슈퍼집에서 술이 떡이 되어 쓰러진 아버지를 데려가라며 걸려 오는 전화가 엄마에게는 깜빡 잊고 온 짐을 찾아가라는 전화만큼이나 자연스러워지던 그 여름, 감을 달 수 없어 잎이 커버린 감나무 아래로 떨어지는 빗방울이 다시 얇은 슬레이트 지붕 위로 떨어지며 세계가 순환하던 그 여름밤. 위에서 아래로, 아래에서 더 아래로. 그리고 그 위와 아래가 서로 부둥켜안고 고함이 되고 주정이 되고, 노래나 눈물이 되던 밤. 나는 빗방울이 그 커다란 감나무 잎으로 떨어지는 것을 보았다. 창을 열면 벽이 보이고 고개를 살짝 비틀어 올려다보면 슬레이트 지붕 옆으로 다 자란 감잎이 보였다. 이미 말했지만 그런 것을 잠자코 지켜보는 것 말고는 할 수 있는 것이 별로 없었던 시절이었다. 그리고 나는 묻고 싶었던 것 같다. 그러니까 지금, 빗방울이란 것이 저런 모습으로 저 감잎 위로 떨어져도 되는 거냐고. 노랗게 빛나다가 간헐적으로 깜빡이는 가로등이 옆에 있었나. 나는 어두워지면 더욱 선명해지는 것들이 있다는 걸 그때 눈치챘던 것 같다.

그러므로 결론적으로 감나무가 있다고 했던 엄마의 말은 지극히 현실적이고 철학적이게도 사실이었다. 그 여름밤, 위에서 아래로 그리고 다시 아래의 아래에 고이던 제법 가락이 있던 신파와 그리고 일정 시간이 지난 후, 그 공간을 채우던 낮은 헥토파스칼의 고요 속에서 적지 않은 비를 받아내며 서 있던 감나무와 그 감잎들의 서사는 부조리하게도 삶에서 지금껏 내가 보았던 가장 아름다운 장면 중 하나인 것이다.

작가노트

태하정

  45페이지, 여섯 번째 줄과 얼음이 딸각이는 물 반 컵. 68페이지, 열세 번째 줄과 껍질을 까면 훅하고 파우더가 퍼지는 풍선껌 두 개. 91페이지, 다섯 번 째 줄과 아직 익숙하지 않아 낱알로 떨어지는 폰의 알림음. 102페이지, 두 번째 줄과 갑자기 한 방향으로만 내리꽂히는 비. 103페이지, 비. 104페이지, 비. 105페이지, 아직 비, 106페이지, 가만히 얼굴 위로 놓이는 책.

  이런 글이었으면.
  나를 완벽히 현실에서 분리할 수도
  계절을 이길 수도 없지만.

6.

작가소개
한옥구

  어쩌다사춘기 덕분에 가까스로 책을 읽고 쓴다. 올해 무분별하게 꽂아 놓은 책장 정리를 시작했다. 엉덩이를 의자에 묵직하게 묻고 하나의 일에 집중하는 연습을 시작했다. 진득하고픈 마음을 쉽게 까먹어 어렵다.

할머니 나무 잘 타

'엄마가 수석리 할머니한테 음식을 배우면 좋겠다.' 어렸을 적 수석리 할머니의 음식을 먹고 나면 엄마에게 자주 했던 말이다. 엄마는 요리 솜씨가 뛰어나지만, 엄마의 음식은 수석리 할머니의 집밥에 비하면 매번 한 수 아래였다. 어렸을 땐 엄마와 수석리 할머니 음식 맛의 차이가 무엇에서 나는지 잘 몰랐다. 그래서 엄마에게 "할머니 옆에 딱 붙어서 레시피를 배워봐. 엄마"라고 종종 말하곤 했다. 엄마는 그때마다 답답해하시며, "똑같이 하는데 그렇다. 희한하지?"라고 답할 뿐이었다. 할머니의 음식엔 어떤 특별한 점이 있을까? 나는 이번 설에 할머니의 음식을 먹으면서 그 비밀을 알게 되었다. 아니, 원래 알고 있었던 사실이지만 뒤늦게 깨달았다.

올 설에 수석리에 가니, 엄마는 할머니가 또 사서 고생한다고 투덜거리셨다. 노인네가 도토리를 온종일 줍는 바람에 무릎이 아프다고 징얼거린다는 말이었다. 할머니는 금세 회복하셨는지, 늠름한 모습으로 우리를 맞이하셨지만, 할머니가 만든 도토리묵의 양으로 보았을 때 짧지 않은 시간 동안 고통을 겪으셨겠구나 싶었다. 도토리묵은 어떻게 만들어지는지 할머니께 여쭤보니 도토리를 줍고, 갈고, 찌고, 말리고 등. 말만으로는 그 흐름을 놓칠 정도의 길고 복잡한 공정이 필요한 작업이었다. 그 공정을 다 이해하진 못했지만, 어쨌든 할머니의 손만으로 도토리가 이렇게 매끈하고 촉촉한 묵으로 변한다니. 직접 듣고 보고도 단번에 믿기지 않은 일이었다. 고소한 도토리묵을 먹으면서 깨달은 할머니 음식 맛의 비밀. 그건 음식 재료와 부엌의 거리가 짧다는 것이다. 새삼 떠올려보니 할머니는 자급할 수 없는 육고기나, 해산물을 제외하면 나머지 음식 재료를 직접 기르셨다. 할머니가 만든 들기름, 된장, 청국장, 매실액, 국간장, 고춧가루 등 이뿐인가. 텃밭에서 나는 온갖 채소까지. 할머니가 주시는 맛난 음식 재료를 아껴 써왔는데. 할머니 밥맛의 비밀이 음식 재료에 있었다는 걸 왜 생각 못했을까.

  아마도 맛의 비밀을 늦게 알아챈 이유는 내겐 쓸모없이 버려지던 도토리가 음식이 되는 과정을 겪지 못해서

인 듯싶다. 도토리뿐 아니라, 매 끼니의 음식 재료가 어디서 오는지 모르고 먹고 산 지 오래되었다. 내가 사는 아파트 뒷마당에도 도토리가 굴러다니는데, 나는 도토리로 묵을 만든다는 생각을 한 번도 해본 적이 없다. 밟지 않고 피해 다녀야겠다는 생각밖에 못 떠올렸으니까. 여하튼 나는 콩이 된장과 간장이 되고, 깻잎 씨앗이 들기름이 되는 그 겪어보지 못한 신비로움에 홀려 할머니에게 근황과 앞으로의 계획을 여쭤보았다. 할머니는 잠깐 고민하시더니 세상에 이렇게 하루가 짧을 수 없고, 할 일은 태산이라 하셨다. 이제는 깨밭은 힘들어서 더는 깨 농사는 못 하겠고, 봄이 오면 텃밭에 먹을 것들만 심을 계획이라고도 하셨다. 그리고 최근 뒷마당에 대추나무를 잘라 없앴다고 하셨다. 어렸을 때부터 대추가 적당히 익으면 하나씩 따서 먹는 재미가 쏠쏠했는데. 그나저나 수백 개의 열매가 열리던 그 큰 대추나무를 잘라 내셨다니. 그건 도토리묵 만드는 이야기보다 충격적인 이야기였다.

"할머니 나무 누가 잘라줬어요?"

"아니 내가 잘랐지."

"그 높은 나무를 어떻게 자르셨어요?"

"나무 타고 올라가서 잘랐지. 할머니 나무 잘 타."라고 말씀하시며 작게 웃으셨다.

그 모습을 보니 할머니가 몸 아프다며 징징댄다는 엄마의 말은 거짓말일지도 모른다고 속으로 생각했다. 문득 백수가 과로사하려 한다고 내게 우스갯소리를 하던 친구들이 떠오르기도 했다. '내 피는 할머니에게 진하게 물려받은 것인가?'

고미숙 선생의 '몸과 인문학'에 '인간은 원초적으로 프리랜서'라는 말이 나온다. 자신의 삶을 있는 그대로 살아가는 '길 위의 인생'이 프리랜서란 뜻이다. 무위자연. 딱 우리 수석리 할머니의 삶이지 않은가. 평생 계절에 맞춰 자신의 일을 꾸리는 사람. 할머니의 업을 이름 짓는다면 '계절 프리랜서'라는 말이 잘 어울리겠다. 봄맞이할 할머니를 상상해 본다. 초봄엔 냉잇국을 드시고, 쑥이 피면 쑥개떡을 만들고, 뜬금없는 도라지가 보이면, 도라지에 '고맙다' 속삭이며 도라지무침을 잔뜩 무쳐 놓으시겠지. 이것 말고도 텃밭 일로 빨빨거리며 돌아다니시겠다. '할머니 제가 아는 사람 중에 가장 청춘이에요.'라고 말씀드리니, 할머니는 '마음은 청춘인데, 몸이 못 따라와.'라며 밝게 웃으셨다. 지나간 청춘이 그립거나, 누군가의 청춘이 부럽다고. 흔하게 떠도는 주변의 말에 느꼈던 갑갑함이 시원하게 뚫린 기분이었다. 공부하면 청춘, 공부는 쿵푸하듯 온몸으로 해야 한다는 고미숙 선생의 말이 더 선명해진다. 마음만은 언제나 청춘이라는 할머니의 말이 이토록 청량하고 달콤할 줄이야. 소중한 문장 한 줄, 멋진 인생 선배를 새로 알게 된 듯 마음이 좋다. 책 한 줄 읽히지 않고, 글쓰기는 더 싫을 때. 또는 앞으로 뭐 해먹고 사나 같이 정체도 모를 것들이 숨을 막혀 올 때, 기도문 외우듯 할머니를 떠올려야겠다. 공부하면 청춘, 온몸으로 공부하면 청춘. 하고

스파르타 (약골)전사

 어렸을 때 인기 있었던 혈액형 성격 이론과 한 철 대유행이었던 MBTI 성격 검사의 인기는 다 지나갔을까? 이 간편한 성격 검사가 주목받는 이유는 사람이라면 내가 어떤 인간인지 알고 싶은 욕망이 그만큼 강하기 때문일까? 시시각각 변하는 내 마음을 핀으로 못 박듯 정해두려 하다니. 나는 이 유행이 흥미가 돋지도, 재미있지도 않았다. 오히려 께씸한 마음이 들곤 했다. 도서관에서 책을 찾아볼 때, 류시화 시인이 번역한 책 '나는 나'를 처음 펼쳐 보았다. 책에 적힌 그 익숙한 '나를 알기 위한 도구'라는 문장에 강한 반감이 들어서 바로 덮어버릴 뻔했다. 영성과 관련된 책을 주로 번역하는 류시화 시인이 왜 이런 책을 번역했을까? 아마도 류시화라는 이름이 아니었다면 몇 장 넘겨 읽지 않고 책을 보는 일이 없었을 거다. 책을 펼친 건 '류시화'라는 이름 덕이었고, 완독한 이유는 인생을 바라보는 시각 때문이었다. 인생은 흘러가는 강물 같은 것. 완성된 자아란 없고, 강물이 흘러가듯 한 사람이 영웅이 된다는 말이 반가웠다. 헤르만 헤세 '싯다르타'에 나오는 강물의 비유와 같이 내 인생이 하나의 강물이라면 지금 강물은 전체 흐름 중에 어느 위치에 도달했는지, 세기는 어떤지, 유량은 풍부한지 적은지 이 책을 통해 볼 수 있다는 게 아닌가. 나의 지류를 보고 싶다는 욕망이 이 책 한 권의 간편하고도 유용한 도구를 다 읽게 했다. '고아', '방랑자', '전사', '이타주의자', '순수주의자', '마법사', 그리고 '영웅'. 이 유형 중에서 가장 공감이 되었던 건 방랑자 원형이었다. 고아와 전사 원형은 잘 공감되지 않았고, 내 인생에 전사는 전멸, 순수주의자와 마법사 원형이 빛나던 순간은 희끗희끗 기억난다. 나는 언제부터 '방랑자'였을까? 앞으로 흘러갈 지류를 보기 위해서는 지나온 물줄기를 알아야 하지 않나. 자연스럽게 나의 방랑자다웠던, 또는 방랑자 원형을 갖게 했던 순간들을 떠올리기 시작했다.

내가 다닌 고등학교는 지역에서 가장 공부를 잘하는 학생들을 순서대로 받는 학교였다. 그 고등학교에 갈 수 있었던 건 중학교 때 당연히 공부를 잘했었기 때문이었는데, 중학교 때 공부를 잘했던 이유는 내가 '프로

메테우스' 학원과 '스파르타'라는 학원에 다녔기 때문이었다. 그리스 로마 신화의 원본을 차용하다니 지금 생각해 보면 참 창의적인 원장 선생님들이었는데. 어쨌든 나는 초등학교 말 때 다닌 프로메테우스에서 성적 향상의 가능성을 보았고, 중학교 때 다닌 스파르타에서 강한 공부 전사로 키워졌다. 스파르타는 지역에 없던 강력한 주입식 교육의 발원지였는데. 스파르타는 암기를 못 하면 집에 안 보내기로 유명세를 얻은 곳이었다. 나는 시키는 훈련을 군말 없이 족족 흡수하는 훈련생이었기 때문에 스파르타에서의 훈련 덕분에 고등학교를 우수한 성적으로 들어갈 수 있게 되었다. 문제는 고등학교에 입학하자 발생했다. 고등학교 1학년 때 처음 본 수학 쪽지 시험에서 단 4점을 맞고 반 꼴찌를 하는 대참사가 벌어졌고 다른 과목도 중간 이하의 성적을 받았다. 성적하락의 결정적 원인은 스파르타가 중학생만 받는 학원이었기 때문이었다. 훈련받지 못한 공부전사가 지역에서 가장 치열한 공부 전투가 벌어지는 환경에 놓이자, 학교에 다니는 내내 전투에서 이탈하고 싶은 마음뿐이었다. 그러나 내가 다닌 고등학교는 지역에서 가장 치열한 전투가 벌어지는 현장이었기 때문에, 어떠한 낙오나 열외도 허용하지 않았다. 고2까지는 밤 10시, 고3은 11시까지 야간 자율학습을 필수로 해야 하고 야자가 끝나면 다음 훈련 장소로 이동하는 독서실 차를 타고 가야만 했다. 자율성 없는 야간 자율 학습을 3년 동안 하면서 나는 스스로 몰입해서 하는 무언가를 강하게 갈망했었다. 적당히 만들어진 수능 성적으로 3학년 담임선생님과 입학 상담을 하는데, 어떤 대학을 가고 싶으냐고 묻는 말에 나는 그냥 서울과 최대한 가까이요. 라고 용기를 내서 말했던 기억이 난다. 그 말은 내가 살던 서산과 최대한 멀리라는 말과 같은 말이었는데. '인서울' 명단이 학교 간판이었던 당시에 '너도 다른 애들과 똑같구나.'라고 속으로 생각 하는 듯한 담임 선생님의 표정이란. 지금도 잊히지 않는다.

대학교 입학은 내 인생에 놀라운 사건이었다. 그건 전쟁이 끝난 공부 전사가(약골 전사였지만) 집으로 돌아가는 것이 아닌 새로운 곳에 터를 잡는 일이었다. 물리, 정신적으로 독립한 새로운 체계 안에서 완벽한 자유를 처음 맛보았다. 매일 새로워지는 활동과 관계 안에서 고등학교 때보다 빠듯한 일정이었지만 신기하게도 매 순간 즐겁게 보냈다. 고생 끝에 낙이 온다는 말이 맞을까? 아니, 그 당시 나의 상태를 떠올리면 퍽 맞지 않는 말이었다. 왜냐하면 나는 막연한 고생은 한 것 같지만, 스스로 입시라는 전쟁을 훌륭한 성적으로 치러낸 전사는 아니었으니까. 재수를 선택할 용기도 없는 마치 패잔병 같은 마음 상태였다. 독립 후 대학 생활의 자유가 주는 달콤함은 상상을 초월할 정도였지만, 가슴 한편에 씁쓸한 아쉬움이 남아있었다. '아쉽지만 어쨌든 잘 되었다. 지금 즐겁다!' 하며 명랑하게 지나간 일을 넘길 수 있으면 얼마나 좋았을까. 그럼, 학벌 콤플렉스라는 말도 세상에 존재하지 않을 것이다. 아마도 내 인생에서 고등학교에서 대학교를 넘어오는 과정 중에 방랑자 원형이 학벌 콤플렉스와 함께 자리 잡은 게 아닐까 싶다. 다른 삶을 살겠다는 선언을 반복하는 사람, 삶에 갇힌 것처럼 느껴 이상적인 세계를 찾아 떠나는 유형. p.10 위계가 강한 직장 문화, 자율 없는 상하 관계, 너무 깊은 유대관계를 맺은 친구와의 관계 등 다양한 관계로부터 긴급탈출과 잠수 이별을 했던 내 모습이 책 '나는 나'의 방랑자 원형에 적나라하게 보였다. 나를 옥죄는 외부 세력이 내게 다가올 때 내 안의 방랑심이 터져 나온다. 마치 종이 울리면 침을 흘리는 파블로프의 개처럼. 압박이 들어오면 자연스럽게 도망으로 탈압박을 시도한다. 세상에 이렇게 족집게 같으니, MBTI가 대유행인가.

그럼 어떻게 해야 한단 말인가. 인생의 길을 찾는 구도자의 마음으로 방랑자 원형의 내용을 꼼꼼히 읽어보았지만, 뾰족한 방법은 알려주지 않는다. 이 책의 저자 캐럴 피어슨은 스파르타 학원의 선생님처럼 강한 전사를 키워 내려 하지 않는다. 답을 갈망하는, 이 세상을 강한 전사로 살아남고 싶은 (수많은) 약골 전사들에게 나는 나일 뿐이라 한다.

"너는 영웅이야. (어쩌면)"라고 달콤하게 속삭이고,

"나는 나고 그러니 괜찮아."라고 친절히 괜찮다는 말도 덧붙인다.

괜찮아진다는 말로 괜찮아질 리 없겠지마는 내 인생에 스파르타 선생님 같은 분을 한 번 더 만나면 그 이후에 얼마나 미끄러질지 까마득한 마음이 드니. 차라리 괜찮겠다. 어쨌든 책 덕분에 방랑자라는 이름의 내게 익숙한 원형에 대해 알게 되었고, 그래서 나 자신도 이해 못 했던 관계를 대하는 나의 태도에 대한 이해도 되었다. 어쨌든 인생은 강물과 같고, 내 인생은 내가 사는 것. 내게 고아와 전사는 전멸, 마법사, 순수주의자는 희끗희끗, 방랑자 아주 많이. 나는 나

잠깐, 디아블로5 오픈베타를 한다고?

 '오는 23년 상반기는 책 만들기에 열중하고 커피 공부를 제대로 해보자.' 막연한 계획과 다짐으로 적당히 벌어먹던 일을 그만두었다. 적고 귀여운 퇴직금을 한 아름 안아 들고. 그런데 아뿔싸. 게임 디아블로5의 오픈베타가 시작됐다. 디아블로는 워낙 유명한 게임이라 호기심에 게임을 다운받고 시작했는데, 눈 깜빡할 사이에 오픈 베타 종료일, 서버가 닫히는 종료 순간까지 디아블로 세계에 빠져있다가 강제 퇴거를 당하는 나를 발견했다. '이렇게 재미있는 게임이 다 있다니.'하는 생각이 절로 들었다. '좋은 아이템 얻었는데, 한 시간만 더 하게 해주지….'하는 처량한 생각을 뒤로하고, 디아블로5로 인해 잠자고 있던 게임 본능이 꿈틀거리기 시작했다. 나는 무아지경에 빠져 디아블로5의 빈자리를 한동안 하지 않았던 게임 롤토체스로 채워 넣었다. 하루에 5판 남짓 꾸준히 롤토체스를 하다 보니 나도 모르는 사이에 랭킹이 높아졌다. 내 위로 천 명. 이 정도 페이스면 상위 100명 안으로도 충분히 가겠다는 생각이 들었다. 그런데 잠깐, 랭킹이 높으면 무엇하지? 게임 롤토체스는 무엇인가?

롤토체스는 8명이 함께하는 게임으로 라운드마다 두 명씩 짝을 지어 전투를 벌이는 전략 시뮬레이션 게임이다. 매 턴마다 무작위로 나오는 기물을 선택하여, 나의 진형을 만들고 시간이 다 소모되면 전투가 시작된다. 30초 전투 준비, 20초 전투를 매 턴마다 계속한다. 롤토체스의 목표는 무작위 기물, 무작위 매칭 상대를 만나며 서로의 피를 깎는 것이고. 마지막 남은 적의 피를 0으로 만들어내면 1등이 되는 게임이다. 글로 적으니 참 단순하고도 잔학무도한 게임일 뿐인데. 무작위로 뜨는 상점에서 어떤 기물을 선택할지, 또 무작위로 만나는 누군가를 대비해서 기물 배치는 어떻게 할 것인지 고민하다 보면 정신없이 초 단위로 쑥쑥 시간이 뽑혀 나간다. 내가 고심 끝에 선택한 기물이 전투에서 원하던 효율을 보여줄 때, 그리고 마지막 일대일 전투에서 배치 차이로 1등을 거머쥐었을 때 얻는 성취감이 바로 다음 판을 계속하게 한다. 내가 원하는 이상 무한으로 반복할 수 있는 중노동이다. 모든 플레이어가 매 판

똑같은 피 100에서 피 0으로까지 공정한 전투를 벌이는 게임. 나는 게임에 온 집중을 다 하면서 기꺼이 시간을 낭비했다.

서울대 교수이자 칼럼니스트인 김영민 교수는 하데스가 시시포스에게 내린 시시포스의 형벌엔 '단순한 노고', '단순한 덧없음', '단순한 끝없음'. 이 삼박자가 있으며, 한국 정부가 하데스의 역할을 자처하는 것이 아니라면 이 사회가 무의미한 노역장이 아님을 증명해야 한다고 말한다. 6 to 9가 끝없이 이어질 것만 같은 깜깜한 현실에 직장을 박차고 도망 나왔을 때 나는 아마 시시포스 형벌의 3박자를 명징하게 감지했기 때문이었나 보다. 그리고 내가 롤토체스에 시간을 들여 몰입하는 이유는 3박자의 하모니가 어우러지지 않기 때문이 아닌가. 롤토체스 게임은 30분 정도의 한 판에 온 집중을 다 하는 고된 '단순 노고'가 필요하지만 1등을 하면 랭킹이 오르는 '덧'이 있고, 또 한 판이면 모든 게 초기화되는 '끝'이 있다. 또 돈이 많든 적든, 나이가 많든 적든, 권력이 높든 낮든, 모두가 똑같은 시스템 설정 안에서 싸우는 공정한 게임이라는 것. 내가 롤토체스에 매력을 느꼈던 이유가 명확해지니 게임에 시간을 낭비한다는 마음에서 느꼈던 미약한 죄책감이 한 걸음 물러나는 기분이다.

  다른 롤토체스 시즌이 그랬듯, 나는 아마도 랭킹 올리기의 '덧없음' 감정을 느끼면 자연스레 게임을 접게 될 듯하다. 승률은 높으나 무의미한 시간 박치기가 헛헛하게 느껴지기 시작했으니 말이다. 문득 게임 롤토체스가 내 인생과 같다면 나는 몇 라운드에 어떤 기물을 들고 전투에 배치된 상태인 걸까. 스스로의 인생이 시시포스의 형벌임이 아님을 증명해야 한다면 앞에서 말한 3가지 요소를 면밀히 따져보며 선택하는 지혜가 필요하겠다. 문득 온라인 게임에 파묻혀 있던 현실 인생에 놓인 목표가 새록새록 떠올랐다. 책 만들기는 복잡노동, 덧있음, 깔끔한 끝. 커피 공부도 복잡한 공부, 단순노동, 덧은 맛과 함께 있고, 매 한 잔이 깔끔한 끝. 너무 좋은데. '올해 상반기는 책 만들기를 꼭 마무리하고, 아마추어 커피숍에서 하는 커피 강좌도 꼭 신청해야지.' 잠깐, 디아블로5 오픈베타를 또 한 번 한다고?

영원한 하루

달이 떠올라 저쪽 하늘 끝에 머무는 밤이 되면, 디디와 고고는 나무 앞 공터에서 움직이지는 않은 채 내일을 기약한다. 1장의 마지막, 2장의 마지막까지. 그리고 그것은 아마도 블라디미르(디디)가 눈치 채지 않는 한, 영원히 반복될 것만 같다.

'나에게 똑같은 하루가 반복된다면 어떤 상황이 벌어질까?', '고고와 디디가 이 반복 현상을 함께 깨닫는다면 어떤 선택을 할까?' 고고와 디디가 갇힌 하루에 공감하려 해봤지만 잘 되지 않았다. 매일 똑같이 하루가 반복된다니. '어쩌면 꽤나 매력적인 일이 아닌가?'하는 생각도 스쳐 지나간다. '시간은 반복되지만 내가 하는 일은 다르게 할 수 있으니, 시간을 알차게 쓸 수 있지 않을까?'하는 우스꽝스러운 생각도 한다. 시간이 반복되면 수명은 어떻게 될까? 수명을 떠올리니, 자연스레 시간과 수명의 관계에 대해 생각했다. 한 사람의 인생과 수명, 지구의 수명, 우주의 수명 등. 책 고도를 기다리며를 읽고 자연스레 우주를 주 컨텐츠로 다루는 유튜브 채널을 찾아 보았다. 빅뱅 이후 아득한 우주의 수명 이야기. 그리고 지구가 속한 은하계에서 다른 은하계로 넘어가는 일이 몇백조 광속으로도 아주 오랜 시간이 걸린다는 이야기가 있었다. 퍽 충격이었다. 미국 여행 계획은 없지만 그건 마치 내가 미국까지 걸어가기 위해 한 걸음을 떼었는데, 내 수명이 끝나버렸을 것만 같은 비유와 같았다. 평균수명 7000년 쯤 되는 무엇이 있다면, 아니 7조년 정도 되는, 그리고 그 무엇이 인간을 바라보는 상상을 해본다. 어쩌면 그 무엇은 인간을 바라보며 "또 똑같은 하루가 지나고, 뭐 비슷한 하루가 오는구나." 하지 않을까 하는 역시 우스꽝스러운 생각도 들었다.

상대적인 시간과 수명에 대해 상상을 하다보니 "나는 누구인가?"와 같은 질문은 이제 오래된 농담같은 것이 되버렸다. 이 상황에 내게 더 큰 질문은 "내 수명은 얼마쯤 될까?"와 "그 수명 동안 미국으로의 여행길 중 어디까지 도달할 수 있지?"였다. 마치 고고와 디디가 '이제 무얼하지?'라고 물으면, '고도를 기다려지.'라며 말하고, '아 맞다, 그럼 기다리자.'라며 막연한 한 걸음을 내딛는 식이다. 머리 속 우주 유튜브 채널 이야기를 멈춰 놓고 고개를 저었다. 기껏 '고도를 기다리며'를 읽어 놓고, 고고와 디디의 모순에 빠져버리는 꼴이라니. 이런 바보같은 꼴을 계속 유지할 수는 없지 않은가. 질문에 답은 다른 질문과 책에서 찾는 것. 나는 내 머리 속 스키마를 뒤적이다 이 질문에 도움이 될만한 책을 떠올려 보았다. 몇 번의 머리 속 기억 찾기 시도와 실패 끝에 그럴싸한 답을 하나 찾았다. 류시화 시인이 쓴 '인생 우화'라는 책에 있었다.

천사의 실수로 세상의 모든 바보가 모여 살게 되었다는 '헤움'이라는 마을에 한 랍비가 대의회를 찾아가 긴급 소집을 했다. 그건 언젠가 찾아 올 메시아를 놓쳐 버릴 수 있으니, 마을 근처를 지나갈 수 있는 메시아를 놓치지 않을 방법을 같이 찾아보자는 것이었다. '고고'스러운 이 질문에 대의회는 그럴싸한 해결책을 하나 냈는데, 그건 밤 중에 찾아올 수 있는 메시아를 놓치지 않기 위해 야간 경비를 세우자는 것이었다. 한 단계 업그레이드 된 '고고'와 '디디'라고 할까. 어쨌든 도시 헤움은 야간 경비원을 뽑긴 했는데. 야간 경비원이 자신의 책무를 다 하지 못할 수도 있다는 조바심 때문에 마을을 지나가는 모든 행인을 집요하게 추궁하고 찾아다니면서 문제가 발생했다. 밤에는 헤움 근처를 가지 말라는 흉흉한 소문이 인근 마을에 퍼져버린 것이다. 졸지에 새로운 문제가 발생한 헤움 주민들은 새로운 방법으로 이 문제를 해결하게 된다. 그건 마을을 지나가는 모든 행인을 메시아든 메시아가 아니든 아주 친절하고 성대하게 맞이하는 방식이었다.

내게 고도는 결코 오지 않는 그 무언가, 또는 한 걸음을 떼면 끝나 버리는 미국 여행과 같은 막연하고도 막막한 것이었는데. 바보만 있는 도시 헤움 사람들에겐 지나가는 모든 사람이 고도와 같았다. 웃는 얼굴로 낯선이를 맞이하는 헤움 주민들을 상상하니 머리가 살짝 띵했다. 내 질문에 답인 듯, 답이 아닌 듯한 짧은 우화가 여러 생각을 하게 했다. "한 사람의 수명 동안 목적은 어디에 있는가?", '한 사람의 수명에 구원은 무엇인가? 와 같은 질문에 "고도는 오지 않는다."는 꽤나 말랑한 답인 편처럼 느껴지기도 한다. 낯선이를 빠짐없이 모두 성대하게 맞이하는 방식은 내 질문을 통으로 깨드리는 새로운 질문같다고 할까. "매일 하루가 반복되는 일은 매력적이지 않은가?"와 "7조년의 수명을 지닌 무언가가 인간을 바라보면 똑같은 무언가가 오고 있구나."와 같은 우스꽝스러운 상상이 더 이상 우스꽝스럽게 여겨지지 않기도 한다. "매일 고도를 만난다면, 그건 어쩌면 정말 매력적인 똑같은 일이 아닌가?" 싶은 것이다.

반복되는 하루에 어제와 오늘을 구분짓는 시도는 바보스럽지만 아주 치열하고도 숭고한 일일 수 있겠다. 메시아는 어제와 오늘을 구분하고 찾아오지 않기 때문이다. 나는 헤움 주민들의 일원이 되어 메시아를 맞이하는 상상을 해본다. 큰 계절이 바뀌면서 달라지는 바람 냄새를 깊게 들여 마시는 일, 우리 집 앞 들꽃을 보고 기억에 깊이 새겨 넣는 일, 버스 정류장에 가득 핀 냉이 꽃에 달린 씨방을 보고 사랑을 비유해 보는 일, 고도를 기다리며를 읽고 글을 쓰며 질문에 답을 찾느라 머리 속 온 기억을 톺아 보는 지금 이 순간까지도. 고도는 오지 않고, 있는 상태라는 것. 매일이 반복된다면 얼마나 좋을까. 내 수명이 7조년 정도 된다면 또 얼마나 좋을까. 그러나 그럴 수는 없으니. 매일매일 맞이하는 고도를 성심을 다해 웃는 얼굴로 마주해야겠다. 혹여나 내가 고도가 지나감에도 무표정한 얼굴로 "누가 지나가는구나."하고 무심하게 될까 조바심이 날 지경이다. 고도는 오거나 내가 가는 일이 아니니, 기쁜 몸과 마음으로 매일을 살아가야지. 함께 글을 쓰고 나누는 고도들을 만나는 일을 손꼽아 기다려 본다.

현자들의 도시

천사들의 실수로 온 세상 바보들이 모여 살게 되었다는 도시 '헤움', 헤움 사람들과 만난 후 든 생각은 '헤움 사람들이 정말 바보가 맞는가?'였다. 천사가 인정했으니, 헤움 사람들은 바보가 맞긴 할 텐데…. 그들이 문제를 해결하는 방식은 바보보다 현자에 가까워 보였다. 온 세상 심각한 표정으로 골똘히 고민하고, 해결법이 정해지면 생각난 대로 착착 처리해나가는 헤움 사람들. 책을 읽으며, 감정을 여과 없이 드러내는 헤움 사람들의 표정이 자꾸 머릿속에 떠올라 작은 웃음을 계속 짓게 됐다. 무슨 문제든 헤쳐나갈 것만 같은 그런, '헤움 사람들의 지혜의 원천은 무엇일까?', '헤움 마을 사람들이 바보로 불리는 이유는 무엇일까?', '그들은 어떻게 스스로 똑똑하다고 자부심을 가질 수 있는가?' 등 나는 헤움 사람들의 정체에 대해 궁금했고, 답을 찾아보고 싶었다.

헤움 사람들의 지혜의 원천, 첫 번째는 헤움 마을 사람들은 문제가 발생했을 때, 더 지혜로운 자를 찾아 묻고, 듣는 문제 해결 방식에 익숙하다는 것이다. 책을 읽는 내내 잊을 만하면, "우리끼린 모르겠으니 어서 제일 현명한 랍비를 찾아가게!"라거나, "긴급한 마을 문제이니, 어서 장로 회의를 소집하게!"라고 다급하게 조언을 구하는 사람들이 있다. 내게 어떤 문제가 닥쳤을 때, 도움을 요청할 수 있는 마을에 현명한 랍비가 있는가? 묻는다면 그건 떠올리는 것만으로도 실소가 나올 만큼 비현실적인 일이다. 스스로도 이웃 주민은커녕 친구들에게조차 삶의 중요한 문제들을 말할 수 없는 상태에 처해있다. 말할 수 없으니, 들을 수도 없는 존재. 듣는 귀는 있으나, 관계에서 가십거리 이외 서로에 관한 이야기는 온몸으로 들을 수 없다. 어쩌면 정말 긴급히 랍비를 찾아야 하는 문제들, 마을 장로 회의를 소집해야 하는 급의 문제들도 단순한 가십거리 지나가는 이야기 정도의 처지로밖에 수용할 수 없는 상태로 가버릴 것만 같다.

헤움 사람들의 지혜의 원천, 두 번째는 듣는 사람들이 가득한 공동체가 있다는 것이다. 헤움을 떠나던 부자(父子)가 세상 사람들의 참견을 견딜 수 없어 다시 헤움으로 돌아가는 이야기가 있다. 이야기 속에 헤움 사람들은 필요할 때 도움을 주되, 서로를 존중하기 때문에 쓸데없는 참견은 하지 않는다고 한다. 필요할 때 진심으로 듣고 도움을 주지만, 각자의 삶을 존중하는 공동체라니. 얼마나 이상적인 공동체인가. 한 철 유행처럼 돌았던 공동체 복원 운동이 지난 자리엔, 지원사업으로 세워진 어울리지 않는 신축 건물만 번듯하게 세워져 있다. 내 마음만 돌아봐도, 저 집은 음식물 쓰레기를 왜 저리 버리지? 라거나 현관에 쓰레기 좀 놓지 않았으면 좋겠다 싶은 불평만 있다. 아파트 단체 카톡방을 보면, 폐기물 스티커를 꼭 붙여라, 음식물 쓰레기를 비닐봉투와 분리해서 잘 버려라, 아파트 입구 고양이 똥 악취가 너무 심하다는 식의 문제는 새로 업데이트되지만, 문제를 듣고 응하는 사람들은 잘 없다. 매번 비슷한 문제가 반복될 뿐이었다. 헤움 사람들에게 이런 아파트 문제가 발생한다면 그들은 어떤 표정을 짓고 문제를 해결해 나갈까? 아마도 아파트 주민 전체가 모여서 진지한 얼굴을 맞대고 이렇게 말했지도 모른다. "옆 동네 현명한 랍비를 찾아가세!, 아니 이건 너무 심각한 문제이니 동대표 회의를 어서 내일이라도 당장 열어야 하네!"라고. 그들이 처음부터 바보인 게 맞았던 걸까? 의심이 든다..

  천사들에게 공인된 바보들의 도시 사람들과 공동체를 부러워하다니, 그들 스스로를 현자라고 여기고 자부심을 가진 이유를 알겠다. 그들은 바보가 아니라 진정 현자에 가까웠던 것 같다. 철학자 고병권 선생의 책 '철학자와 하녀'에서 알지 못한 것을 가르친 선생 '자코토'의 이야기가 나오는데, 자코토는 바보를 '다만 욕구가 멈추어버린 자들, 의지가 꺾인 자들'이라고 정의한다. 또 '의지가 꺾인 곳에서 지능은 발휘되지 않는다. 불평등의 현실을 본래 주어진 것으로 받아들일 때, 또 현실 사회에서 우월한 자들이 실제로 자신보다 우월한 자들이라고 생각해버릴 때, 우리는 정말 '바보'가 되고 만다. 그러니까 '바보'는 자신의 부족함을 아는 겸손한 사람이 아니라, 현실적 차별을 그대로 인정하고 심리적으로 수긍하기 위해 자기 능력을 부인하고 자신을 무시하는 사람이다.' 세상 사람들이 바보들의 도시라고 놀려댈 때, 자신들은 사실 현자들이라고 어깨를 으쓱했던 헤움 사람들의 의연함이 새삼 다르게 보인다. 처음엔 바보들의 허세같이 느껴졌다면, 지금은 현자들의 넓은 포용심이 느껴진다고 할까? 헤움 현자들처럼 삶을 살아가려면 어떤 태도가 필요할까. 앞으로 문제가 닥쳤을 때, 해움 사람이라면 어떻게 했을까 돌아보는 것도 도움이 되겠다. 세상 모두가 바보라고 부르고 놀릴지라도 그들과 같은 바보라면 바보로 살아가는 것은 좋은 일이겠다.

레버를 꾹 길게 눌러주세요

  도서관 화장실에서 대변을 보고 나오는데 청소하는 분이 서 계셨다. 내가 변기 칸 안에 있을 때, 인기척을 보아선 나를 밖에서 기다린 것이 틀림없었다. 머쓱한 마음에 서둘러 손을 씻고 나가려는 찰나, 청소 아주머니께서 볼일을 보면 2~3초 꾹 레버를 내려달라 나를 붙잡고 말씀하셨다. 민망하고 부끄러운 마음에 정신이 육체를 벗어날 것만 같은 시간의 흐름을 느꼈다. 이때 떠오른 생각은 활짝 열린 화장실 문 너머로 밖의 사람들이 이 대화를 보거나, 들으면 어쩌지 같은 종류의 걱정이나 수치심은 아니었다. 다만 나의 변을 보고 황망한 마음이 들었을 아주머니에 대해 죄송스러움이 얼굴을 화끈거리게 했다. 도서관 자리로 돌아와 이 사건을 되짚어 보았다. 나는 왜 변기 레버를 2~3초 꾹 누르지 않았는가. 밖의 쓱쓱 솔질 소리가 내는 인기척 때문이었을까. 이런 상황에 처해본 경험이 적었기 때문일까?

내가 조금 더 신경, 아니 나의 행동에 대해 침착했더라면 어땠을까. 역시 조급함은 죄악이라는 말은 거짓말이 아니었구나···.

 책 철학자와 하녀, '초조함은 죄다.' 편에는 '초조함은 문제를 정면으로 응시하지 못하게 한다. 초조한 자는 문제의 진행을 충분히 지켜볼 수 없기에 어떤 대체물을 문제의 해결책으로 간주하려고 한다. 성급한 해결을 원하는 조바심이 해결책이 아닌 어떤 것을 해결책으로 보이게 만드는 것이다.'라고 한다. 이 얼마나 공감되는 말인가. 내가 변기 레버를 꾹 눌렀더라면, 아주머니께 도리가 아닌 잘못을 저지르는 일은 없었을 텐데. 생각해보면, '내가 ~했더라면'이라는 후회하는 감정을 느낄 때 문제의 원인은 초조함이 맞는 것 같다. 이와 같은 돌발상황이 벌어졌을 때, 나는 어떻게 보다 나은 선택을 할 수 있을까? 남다른 침착함, 꾸준함, 재빠른 대응능력과 같은 자질은 타고 태어나야 할까? 학교에 다닐 때 다른 사람보다 우수한 침착함, 꾸준함과 같은 능력을 갖춘 또래 친구들을 보면서 나는 나름대로 방법을 고안했었다. 그 방법은 내게 벌어지는 상황들을 미리 시뮬레이션해 보는 거였다. 길바닥에 지갑이 떨어져 있다면? 경찰에 신고한다. 차가 급발진한다면? 기어를 낮

취 엔진브레이크를 걸거나 시동을 꺼버린다, 누군가 칭찬한다면? 누군가 내게 비난한다면? 등등 벌어질 수 있는 상황에 대한 대응을 상상해 보는 것이다. 이 방법이 나의 침착한 대처, 재빠른 대응능력을 기르는 유일한 답이었는데. 돌아보니 아주 탁월한 방법은 아니었던 듯싶다. 화장실에서 레버를 꾹 누르지 않아 벌어지는 문제상황까지 상상할 수 있는 능력이 되지 않았기 때문이다.

그렇다면 초조하지 않으려면 어떻게 해야 할까? 고병권 선생의 같은 책에는 '철학 한다는 것, 생각한다는 것은 곧바로 반응하지 않는 것이다. 그것은 지름길을 믿지 않는 것이다. 철학은 어느 철학자의 말처럼, 삶의 정신적 우회이다. 삶을 다시 씹어보는 것, 말 그대로 반추하는 것이다. 지름길이 아니라 에움길로 가는 것, 눈을 감고 달리지 않고 충분히 주변을 살펴보는 것, 맹목이 아니라 통찰, 그것이 철학이다. 철학은 한마디로 초조해하지 않는 것이다.'라고도 했다. 처음 내게 이 글은 '초조하지 않은 방법은 초조해하지 않는 것이다.'와 같이 말장난처럼 여겨졌으나, 이 방법 외에 초조해하지 않는 방법을 떠올리는 건 내게 불가능했다. 바로 대응하지 않고 천천히 하는 삶을 사는 것이 유일한 방법인가 보다. 초조하지 않은 방법을 찾으려면 어떻게 해야 할까? 초조해하지 않고 천천히 남다른 침착함을 가진 사람이라면 어떻게 했을지 고민해 본다.

만약 내가 철학자 칸트였다면? 칸트는 밥 먹는 시간, 산책 시간, 교류 시간 등 철저하게 규칙적인 생활을 했으니, 화장실 가는 시간도 아마 규칙적이었을 테고 그럼 도서관 화장실을 이용하는 일도 없었을 거야. 내가 공자였으면 어땠을까? 그는 나이 70에 마음이 욕망하는 대로 해도 도리에 어긋남이 없었다(七十而從心所欲不踰矩)고 하니, 욕망을 품어도 도리에 어긋나지 않았으니, 욕망을 품지 않은 일이야 뭐, 나와 같은 실수는 저지르지 않았을 것이다. 내가 만약 위대한 니체였다면, 니체는 자기 기록 광이었다고 하니, 도서관 변기에서 볼일을 보고 청소부의 인기척은 신경을 쓰지 않고 자신의 대변을 기록했을 것이다. 기록을 다 하고 천천히 볼일을 보고 나왔겠지. 초조하지 않았으면 그는 아마 레버를 꾹 길게 눌렀을 것이다. 유일하게 도움이 되는 상상은 니체의 것이었다. 초조하지 않고 천천히 사는 방법은 '나를 기록하기'이다. 고병권 선생은 니체가 사소한 것이 위대한 것이고, 사소함으로부터의 가치전환을 발견하는 것이 니체의 위대함이라고도 말했다. 내 전체 인생에서 보면 아주 사소한 이 도서관 화장실 사건으로부터 어떤 위대함을 발견할 수 있을까? 위대함은 잘 모르겠지만, 같은 실수를 저지르지 않게 된 것 같으니 그 쓸모는 충분하지 않은가 싶다. 화장실 사건을 돌아보며 초조해하지 않는 방법을 되뇌어 본다. 초조함은 문제 발생의 죄악이고, 초조하지 않은 방법은 인생을 천천히 사는 것, 인생을 천천히 살려면 천천히 반추하고 자기 기록을 하기. 오늘은 짓궂은 날씨를 적는 것 외에 사소한 기록이 없는 하루를 보냈다. 그래도 침착하게 하루를 기록해 본다. 짓궂은 날씨, 기후로 인한 재난 사고, 묻지마 살인사건, 그럼에도 멈춤없는 전쟁. 능력이 뛰어났다면 제정신으로는 버티기 힘든 소식이 가득하다.

500원의 추억

 초등학교 때 즈음 일이 떠오른다. 나는 그다지 좋은 형이 아니라서 동생 상구를 최대한 떼어 놓고 친구들과 놀고 싶어했다. 엄마한테 상구 몰래 '좀 만 놀다올게요.'하고 집 밖으로 뛰어 나가는 식이었는데, 상구는 그럴 때마다 울면서 나를 쫓아오곤 했었다. 지금 떠올리는 그 날엔 아마도 상구를 떼어놓는 데 실패했던 것 같다. 엄마가 상구랑 사이좋게 아이스크림을 사먹으라고 천 원을 받고 집 밖을 나섰던 기억이 난다. 아파트 상가에서 상구와 아이스크림을 사 먹고 난 다음엔 103동 놀이터에 갔었다. 상구와 놀이터에서 모래흙을 파고 놀며 장난치는 놀이를 했다. 모래를 파고 두꺼비집도 만들고, 성벽도 만들고, 상구 집을 공격하고, 그렇게 모래를 가지고 놀다가 나는 어딘가 해변가에서 퍼왔을 그 모래에서 500원 짜리 하나를 발견했다. 발견한 뒤 잽싸게 바로 500원을 몰래 주머니에 넣었다. 그리곤 내가 돈을 줍는 모습을 누가 보진 않았을까 가슴이 두근거렸던 기억이 난다. 상구는 아마 그때 내가 500원을 주웠다는 걸 알았을 것이다. 나는 어설픈 마음으로 상구가 내가 500원을 주웠다는 사실을 잊어먹길 바랬었을 수 있다. 그때 나는 오로지 주머니에 넣은 500원이 빠지진 않을까 걱정하고, 상구가 내가 500원을 줍는 장면을 제대로 본 거면 어쩌지 떨리는 가슴을 부여잡고 놀이가 얼른 끝나기를 바랬었다. 왜냐하면 나는 그 500원으로 아이스크림을 굉장히 사먹고 싶었고, 상구는 그 계획에 포함되어 있지 않았기 때문이다.

노을이 질 때 즈음 집으로 들어가는 길에 상구더러 먼저 집에 가 있으라 말했다. 상구는 당연히 나와 같이 집에 가고 싶어했고, 나는 상구를 먼저 집에 보내는 데 큰 애를 먹었던 기억이 난다. 상구는 나와 모든 걸 함께 하고 싶어했고, 그러지 못하면 굉장히 징징거리고, 귀찮게 굴곤 했다. 상구를 억지로 집에 밀어넣을 때, 상구가 500원으로 뭐 사먹으려고 하지? 라고 말했던가. 상구와 대화하며 철렁했던 순간이 있었던 것 같은데, 무슨 말이었는지 잘 기억 나지 않는다. 그때 나는 주머니에 몰래 주운 500원으로 살 수 있는 아이스크림에 크게 사로잡혔던 모양이다. 어쨌든 나는 상구를 집에 밀어넣고 주머니에 넣어두었던 500원으로 아이스크림을 홀라당 사먹었다. 문제는 그 다음이었다. 어둑어둑한 집에 들어가자, 엄마는 화가 나 있는 듯 보였고 혼자 무얼 하다 오냐고 물으셨다. 나는 어줍잖은 변명을 대보았지만, 내 손엔 다 먹은 아이스크림 나무 막대기가 손에 쥐어있었으므로 아이스크림을 사 먹은 증거를 들고 온 셈이었다. 나는 이 막대기는 엄마가 준 돈으로 먹은 아이스크림이라고 거짓말을 했는데, 그러니 엄마가 내게 크게 실망했고, 거짓말을 하다니 마음이 너무 아프다는 이야기를 하셨던 기억이 난다.

엄마가 내게 실망했고, 마음이 아프다니. 아이스크림에 홀렸던 정신이 돌아오는 말이었다. 500원을 주으며 두근거렸던 마음이 철렁하고 뜨끈뜨끈거리며 땅바닥으로 꺼져버리는 듯했던 기억난다. 내가 사랑하는 엄마, 완전한 나의 편이 내게 실망했다는 건 엄마가 나를 돌아설 수도 있다는 뜻이기도 했다. 이후로 아이스크림 사건은 어영부영 넘어갔지만, 내 기억 속에 몰래 주운 500원은 잊혀지지 않을 것만 같다. 크면서 나는 나눠 먹는 걸 좋아하고, 거짓말을 하는 '나'를 싫어한다. 그리고 무언가 잘못한 사람으로 오해받는 상황도 극히 두려워 한다. 이런 성향의 영향이 100%는 아니겠지만,

어렸을 때 엄마를 실망시키고, 마음 아프게 했던 그 사건의 영향을 크게 받았을 거라 생각한다. 고작 500원으로 거짓말의 무서움을 깨닫게 된 게 얼마나 다행인 일인가.

-

'무엇을 쓸까?' 하는 글쓰기의 고민이 길어질수록 지난 시간을 떠올리는 일이 잦아진다. 책 그대들 어떻게 살 것인가는 주인공 코페르가 초등학생이어서 인지, 특히 나의 어린시절이 자주 떠올랐다. 이 책에 가장 좋았던 파트는 '돌층계의 추억'이었다. 돌층계에서 노인의 짐을 덜어주지 못해 죄책감을 시달렸다는 엄마가 코페르에게 전하는 고백을 읽으며 나의 어린 시절 500원 때문에 엄마의 마음을 아프게 했던 일이 떠올랐다. 아이가 몰래 아이스크림을 사 먹은 일이 지금에서야 무슨 대수냐 싶기도 하지만, 아이스크림 막대기를 들고 있으면서 사먹지 않았다고 뻔뻔하게 거짓말을 하는 아이의 말은 엄마의 가슴을 얼마나 철렁이게 했을까. 새삼 코페르에게 돌층계의 기억을 고백하는 엄마의 이야기를 읽으며 코페르의 엄마가 얼마나 아름답고 지혜로운 고백을 전한 것인가 감탄했다.

다음 집 준비물 : 혼잣말 상상

 무덥던 철산에도 가을이 왔다. 하루 동안의 태양열을 빠뜨림없이 정확히 담아놨다가 다음 날 아침까지 내 정수리에 열기를 발산하던, 푸석하게 삭아서 갈색과 퍼런색 사이 어딘가의 색깔에 철산의 옥상에도 이제 서늘한 바람이 불어오나 보다. 밟으면 바스락거리는 옥상을 떠올리니 처음 철산에 이사를 왔을 때가 떠오른다. 내 나이보다 6살 형인 이 집에서 얼마나 재미나게 살 수 있을까 가슴이 두근거렸던 때였다. 매일같이 술을 마시고 놀던 친구와 함께 이삿짐을 풀고, 휴대용 가스 버너에 라면을 끓여 먹으면서 소주를 마셨던 기억. 만 원에 4캔 짜리 맥주를, 각자 마시고 싶은 취향으로 고심하여 나눠 고른 뒤, 행사하다 남은 소주를 섞어 마시던 기억도. 앞으로 무얼 먹고 살지, 이 다음은 어떤 집으로 가야하지 와 같은 걱정은 하나도 없는 상태의 날들이었다. (지금도 없지만)

집이란 내게 상상하고 바라는 만큼만 공간을 빌려주는 존재였다. 이 전에 살던 집('틈')은 그 전에 자취방에서 머릿속으로 그리고 꿈꾸었던, 마당이 있고 화목난로와 넓은 거실이 있는, 그리고 안락한 주방까지 있는 멋진 집이었다. (화장실을 상상하지 않았다는 것이 아쉬웠지만) 방이 여러 개인 전원 주택 틈에서 살아봤으니, 틈에서 이사를 준비할 땐 다음 집(철산)에 바라는 게 많지 않았다. 단지 넓은 집에서 비좁은 집으로 가기엔 섭섭하니, 크기가 작더라도 3개 정도 넉넉한 방의 개수와 화장실의 존재 정도만 꿈꿨던 기억이 난다. (철산은 내 조건에 정확히 부합했다.) 이 다음 집은 어떤 곳으로 가게 될까? 슬슬 다음 집에 대한 머리 속 상상이 굴러가는 걸 보니, 철산을 떠날 때가 온 게 아닌가 하는 예감이 든다. 단지 예감일 뿐이지만, 요상하게도 내가 다음 집을 꿈꾸게 될 때 쯤이면 이사를 가야하는 상황에 닥치곤 했었.

부랴부랴 철산의 다음에 들어갈 집을 상상해 본다. 다음 집은 우리 철산이 형 정도로 계절을 정통으로 맞지는 않았으면 좋겠지. 여름엔 밖보다는 덜 덥고, 당연하지만 겨울엔 덜 추우면 좋겠다. (집 안에선 계절을 눈으로만 즐겨도 충분하니까) 마당이 있으면 고마운데,

없다면 가까운 거리에 산이나 아주 넓은 공원이 있으면 한다. 집 '틈'만큼 넓을 필요는 없겠지만 철산보다 좁으면 그것은 서운하니 철산보다는 넓고 천고가 일반 집보다 1.5배는 높았으면 좋겠다. (참, 화장실은 꼭 있어야 한다.) 무언가 빠뜨린 상상은 없을까. 이사 할 예감이 닥쳐오니, 은은한 긴장감이 기분 좋게 불어오는 걸 느낀다. 화장실같이 치명적인 집의 한 요소를 빼먹은 건 없는지, 철산 주변을 둘러 다니면서 생각을 정리해야겠다.

철산의 형제였던 철산 A와 B동은 허물어진 지 오래되었다. 현재 철산의 형제들 위치엔 한창 지진에 위험하다고 난리였던 필로티 건물이 들어서 있다. 이제는 철산 C동이라고 부를 수 없는 철산 아파트엔 철산을 제외하고 두 채 정도 자가의 재건축을 진행하고 있다는 관리자 아주머니와 철산 주변 흙밭에 조그마한 텃밭을 꾸리셨던 할머님과 소음으로 민폐를 끼쳐 세 번정도 (꿈에서) 과일 바구니를 드렸던 아랫집 아저씨와 밤이 되면 아파트 앞 컴퓨터 의자에 앉아서 전화로 외로움을 달래는 외국인 정도만 남았다. (실내용 컴퓨터 의자는 그가 직접 내다 놓은 것일까?) 다른 주민들도 여럿 있지만, 마주한 적도, 심심한 대화를 한 번 한 적이 없으므로 (아랫집 아저씨와는 성난 꾸짖음 뿐이었지만은) 내 기억 속의 철산에는 남아나지 않겠지. 요즘 철산의 바로 옆에는 언제부터인가 유명 브랜드의 대단지 아파트가 아침부터 오후 다섯시까지 뚝딱뚝딱 들어서고 있다. (사실 뚝딱뚝딱이 아니라 쿵콰콰쾅 쿵콰콰쾅이다.) 관리자였던, 텃밭을 가꿨던, 외국인 노동자였던, 그리고 호수는 508호지만, 실제 층수는 4층인 이곳에 사는 나는 어디로 가게될까? 이사 예감이 막연한 상상을 하게 한다. 그들과 나의 주거 형태는 불분명하지만, 분명한 건 조만간 철산 아파트가 철산의 형제들이 남긴 필로티 건물과 대단지 건물에 둘러 쌓이게 될 거라는 것이다. 지난 해 대단지 아파트가 나의 소소한 즐거움이었던 고물상 뷰를 앗아간 건 괜찮았지만, (아, 뚱땅뚱땅 거리는 고물상을 보는 재미가 그립다.) 대단지 아파트에 둘러 쌓여 햇빛을 빼앗기는 건 씁쓸하다. 이사 예감을 갖게 된 건 아마도 2년 정도면 저 아파트가 햇빛을 등지고 철산을 내려다볼 광경을 상상했기 때문일지도 모르겠다.

  요즘은 터프하게 언덕을 깎고 있는 대단지의 포크레인 위로 하늘을 자주 본다. 그러면 가을 하늘이 참 까마득하게 높다는 누군가의 혼잣말이 자주 떠오른다. (엄마였나, 할머니였던가?) 가을 참 하늘 높다! 라든가, 손목이 왜이리 시큰한가 라든가, 이 음악 정말 기가 막힌다! 라든가. (특히 할머니의 혼잣말이 머리 속에 틈틈이 맴돈다.) 누군가의 혼잣말은 그 말의 의미를 한 번 더 생각하게 한다. 그래, 가을 하늘은 왜 높다고 하지? 궁금증을 갖게 하고, 손목이 시큰해서 어쩌지 내 마음에 걱정을 불러오고, 정말 기가 막힌 음악이구나, 더 음악을 풍성하게 느낄 수 있게 하고. 한 번 더 생각하고, 마음을 쓰게 하는 그 힘은 단지 혼잣말이 아니라 함께하는 누군가의 목소리 때문인건가? 어쨌든 쿵콰콰쾅거리는 저 대단지 아파트가 온 햇빛을 다 등져버려서 서운한 마음에 이사를 가게 된다면, 아니면 다른 이유로 자연스레 이사 예감이 적중을 하게 되면 다음 집에 대한 상상을 빠뜨리지 않도록 한 번 더 적어 놔야지 싶다. 다음 집 준비물, 상상 : 마당이 있으면 좋음. 없으면 넓은 공원 또는 산이 주변에 있을 것, 철산보다 넓은 집이고, 높은 천고(복층X)였음 함, 사랑스러운 혼잣말을 상상하기. 상상 끝 이상.

10월, 수돗물이 차가워지는 달

 아침에 일어나 주방에서 정수용 수돗물을 받는데, 물이 차가워 깜짝 놀랐다. 내게 차가운 물이 낯선 이유는 무엇이었을까? 떠올려보니 여름철엔 수돗물이 미지근해서 샤워를 온수로 했고, 정수한 물을 마실 때 얼음을 넣어 마시곤 했던 게 기억났다. 여름에 뜨겁게 달구어 졌던 지하 수도관이 이제는 뜨겁지 않은가 보다. 이렇게 계절의 변화로 낯선 기분을 느낄 땐, 그때의 절기를 찾아본다. 10월의 절기는 찬 이슬이 맺히기 시작하는 '한로'와 서리가 내리는 '상강'이 든 달이었다. 절기는 농경사회에서 농사일에 중요한 지표였으니, 이슬과 서리가 중요한 요소였겠구나. 그럼 절기를 지금 시대로 해석해보면 뭐라 말할 수 있을까? 목도리를 장롱에서 꺼내는 달, 차가운 수돗물을 데우기 시작하는 달, 따뜻한 커피에 어울리는 원두를 고르는 달 정도가 떠오른다. 새로운 사건, 여느 날과는 다른 분기점이 생겨나 기분이 산뜻했다. 한 걸음 더, 우리와 반대편에 살았던 인디언들은 10월을 무엇이라 정했을까? 궁금하여 인디언들의 달 이름 짓기를 찾아 읽었다. 인디언들의 10달 이름짓기 중 와닿은 이름은 '추워서 견딜 수 없는달'과 '가난해지기 시작하는 달'이었다. 때가 되면 돌아오는 이 10월의 분기점이 그들에게 얼마나 가혹한 사건이었을지, 이름만 읽어도, 인디언들이 견딜수 없었던 10월의 추위와 어쩔 도리 없이 가난해지는 이 계절이 야속했다. 10월을 나야만 하는 인디언들의 모습이 자꾸만 떠오른다. 그러나 풍요로운 환경에 사는 내가 인디언들을 떠올리며 측은지심을 갖는 일은 어떤 도움도 안되는 일이고, 비교하여 얻는 마음은 허영심일 뿐이니 마음을 금방 접었다. 붕 뜬 망상 대신 변화하는 세상을 꾸밈없이 감각해 내는 인디언들의 '달 이름 짓기'로부터 배울 점은 무엇이 있을까 생각해 본다.

책 「무엇이 삶을 예술로 만드는가」에는 "우리가 하는 모든 일은 우리 자서전의 한 조각이다."라고 말한다. 그리고 삶을 예술로 만드는 방법으로 일상을 가꾸는 일의 중요성을 첫 장에 소개한다. 내가 사는 매일은 일상이고, 일상의 반복이 곧 삶이니 삶을 예술로 만드는 건 일상을 가꾸는 게 당연하다 싶다. 그런데 반복하는 일상을 예술로 만드는 건 정확히 어떻게 가능한 걸까? 책에선 타율의 왕국인 일상이 아니라, 있는 그대로의 일상을 꼼꼼히 가꾸는 일이 중요하다 말한다. SNS 안, 한없이 고고하고 자유로워 보이는 일상이 아니라 엄연히 존재하는 진짜 일상에 주목하는 일 말이다. 설거지, 세탁, 청소부터 시작해서 직업으로 일까지 등 아침, 점심, 저녁동안 쓰고 닦고 손으로 매만진 것들을 잘 해내고 복기하는 일이 일상을 잘 보내는 일인 것이다. 일상을 정성껏 보내는 일은 호숫가에 한적하게 떠 있는 오리가 수면 아래에서는 끊임없이 발을 젓고 있는 것과 같다. 오리는 허영심으로 호숫가에서 발을 구르고 있는 게 아닐 테니까. 오리는 호수 위 일상을 반복해서 살다가 먹이가 발 아래로 나타나는 사건이 발생할 때를 기다리고 있는지도 모른다. 오리의 반복되는 일상은 오리에겐 잘 살아내는데 매우 중요한 작업일 것이다. 인디언들의 달 이름 짓기도 오리의 일상과 같은 결인 생존의 지혜가 아닐까? 인디언식 '달 이름 짓기'는 일상을 예술로 만들기 이전에 일상을 생존시키는 일에 이로운 일일 수도 있겠다. 의식주의 위기로부터 비교적 생존이 보장된 현대인에게 환경적인 위험, 육체적인 스트레스보다 정신에 위기가 닥치는 일이 더 큰 위험을 불러오는 세상이니 말이다.

  삶이 예술로 승화하는 건 그 이후의 일이다. 의식주의 유지가 걸린 먹이활동 일상 다음에 얼마나 많이 반복하는 일상을 분절해서 사건을 느끼고 이벤트를 만들어 내는가에 달린 일! 나는 나고 자라기로 꼼꼼하지 못하고, 덜렁대는 편이라 차분하게 자리에 앉아서 일상을 가꾸고, 반복하는 일을 끈기있게 해내는 일에 늘 어려움을 겪는다. 정리 정돈하며 살아보려 해도, 가꾸는 일을 자주 잊어버린다. 마치 비가 왔다가 갠 날에 우산을 엉뚱한 장소에 놓고 다니는 것처럼. 그럼에도 어쩔 도리없이 계속 해보는 수밖에. 아! 맞다 우산, 아! 맞다 불 쓰고 렌지 닦기 아! 맞다 거리면서. 요즘은 오전에는 동쪽에 난 컴퓨터 방에서 식물에 햇빛을 맞추고, 정오가 지나면 서쪽 베란다에 식물을 옮기는 일을 반복하고 있다. 매일 맞는 바람이 조금씩 차가워지고, 햇빛의 빛깔이 미묘하게 노랗게 변해간다. 곧 식물을 완전히 집 안에 들여야 할 때가 올 듯하다. 창밖의 찬 바람에 오소소 살이 돋는 때가 오면 그 달은 창문을 닫고 커튼을 내리는 달 또는, 식물등을 구해야하는 달 정도로 달 이름짓기를 하는 일상의 이벤트를 고대해 본다.

할아버지 무슨 생각하며 사세요?

　지난해 혹독한 한파가 왔을 때 가게 할아버지(친할아버지)가 수술을 받았다. 뼈가 부러져 철사를 박는 수술이었다는데, 잘 돌아다니시던 할아버지가 다친 이유가 기가 막혔다. 할아버지가 자전거를 타고 집에 귀가하시다가, 집 대문 앞에서 미끄러지는 바람에 뼈가 부러졌다는 것이었다. 사실 부러진 뼈보다 더 기가 막힌 건 할아버지가 스스로의 힘으로 자리에서 일어날 수 없어서 두 시간이 넘게 한파 속에 방치됐었다는 점이었다. 집 앞 여관건물의 주인 아주머니가 할아버지를 발견하지 않았더라면 아마도 한파에 의해 돌아가셨을 거란 이야기도 들었다. 가게 할아버지는 인적이 드문 자신의 대문 앞에서 어떤 마음이 들었을까? 할아버지가 건강을 회복한 후, 나는 지난해부터 할아버지의 얼굴을 빤히 쳐다보기 시작했다. 할아버지는 말수가 지독히 없는 사람이라 대화는 불가능하고, 나는 할아버지가 어떤 마음으로 하루를 보내는지 궁금해졌기 때문이었다. 할아버지의 얼굴을 자세히 보며 새삼 강렬하게 깨달은 사실은 지금까지 내가 할아버지의 얼굴을 제대로 본 적이 거의 없었다는 것, 할아버지의 얼굴엔 내 기억 속엔 없었던 먹색의 검버섯이 생각보다 많다는 것, 그리고 할아버지는 목소리를 들은 일이 언제였는지 손을 꼽아보아야만 할 정도로 말수가 없는 분이라는 것. 마지막으로 할아버지의 연세가 아흔이 넘었다는 사실이었다.

 넘어짐 사고의 충격 때문이었을까. 아니면 할아버지의 연세가 아흔이 넘었다는 걸 자각했기 때문일까? 명절 때 할아버지가 언젠가 돌아가실 거란 사실을 종종 생각한다. 가족들도 할아버지의 나이 이야기할 때가 있는데. 그럴 때마다 할아버지의 친구 이야기가 나왔었다. 올해는 할아버지와 친구였던 문방구 아저씨가 돌아가셨다는 소식이라든지, 할아버지의 지물포에 놀러 오시던 중절모를 자주 쓰던 친구분이 돌아가셔서 상을 가셨단 이야기 등. 올 추석엔 할아버지의 친구들이 다 돌아가셔서 이제 상을 갈 일도 없을 거라는 말을 들었다. 그 이야기를 들으니 옛날에 할아버지의 지물포 안에 모여서 이야기를 두런두런 나누는 친구분들의 모습이 희미하게 기억났다가 사라졌다. 내게 또래 친구가 이 세상에 존재하지 않는다는 사실은 상상만 해도 두려운 마음이 들 정도로 막연했다. 나는 팔에 오소소 소름이 날 것만 같은데, 할아버지의 표정은 덤덤하다. 내가 할아버지의 나이가 되거나, 상황이 되면 어떤 마음이 들까? 하루를 어떻게 보내게 될까? 떠올려봐도 가늠이 되지 않았다. 할아버지에게 무심코 하는 말인 척 '할아버지는 무슨 생각 하며 사세요?'라고 물어보고 싶은 충동이 들었다.

그러나 아흔의 할아버지께 그런 질문은 할 수 없으니, 이를 어쩐다. 문득 마음에 쌓이는 질문은 어떻게 풀어가며 사나 고민해 본다. 나는 보통 질문은 책을 찾아 읽는다. 어사에서 함께 읽을 책을 고를 때나, 혼자 읽고 싶은 책을 고를 땐 대부분 그런 식이다. 하루를 잘 보내는 방법이 무엇인가? 질문이 떠올랐을 때, 작가 장석주의 글이 떠올랐다. '징그러운 청춘.' 어떤 태도로 푸르른 한때를 보내야 할까? 싶을 땐 한때 퍽 좋아했던 무라카미 하루키를 뒤적거린다. 노년의 삶이 막연해 걱정되거나 궁금하면 어떨까? 가장 좋은 방법은 할아버지와 하루를 보내는 방법일 수 있겠으나, 그 방법이 녹록지 않을 땐 노년에 글을 쓴 작가들의 책을 읽는다. 나는 박완서 할머니의 책을 참 좋아해서 노년이 무서울 땐 박완서 작가의 책을 읽었다. 무례한 질문을 세상에 던질 필요 없이 마음에 묵은 고민을 책을 통해 닦아낼 수 있다니, 참 고마운 일이다. 책은 말이 많은 사람과 같이 내가 묻지 않은 일도 신나게 떠들어 댄다. 그것 또한 즐겁다. 사람은 자신이 가진 질문의 크기만큼 세상을 보는 법이라고. 문득 책 읽기도 내가 가진 질문만큼만 할 수 있는 게 아닌가 하는 생각이 든다. 나는 앞으로 얼마나 읽는 삶을 살 수 있을까? 무례하고 부지런히 질문을 던지며 살아야지. 할아버지 무슨 생각 하며 사세요?

세상에 중요한 것

어쩌다사춘기 글쓰기의 중간 마침표를 찍는 출판기념회 행사가 끝났다. 출판기념회라는 세레모니(의식)은 내 인생에서 어떤 순간으로 기억될까? 박완서 작가의 책 '세상의 예쁜 것'을 읽으면서 이번 23년 출판기념회의 기억을 기록해야 겠다고 마음먹었다. 박완서 작가의 '세상에 예쁜' 이야기가 그만큼 값져 보였기 때문이었을까. 출판기념회와 같은 내 인생에 큰 세레모니는 응당 느낀점을 정리해야만 하는 순간이겠다고 느꼈다. 기록해 두지 않는다면 아무리 좋았거나 힘들었거나 하는 순간도, 과정도 쉽게 잊어버리고 마니까. 진정한 축하와 행복을 좀처럼 만낄할 수 없는 결혼식, 어쩌면 영원히 헤어져야 하는 이와 제대로 된 애도와 인사를 할 수 없는 장례식 같은 의미를 잃은 세레모니. 나는 그런 형식만 간신히 차린 세레모니를 충분히 보았다.

북샵에서 진행한 이번 출판기념회는 분위기가 좋았

다. 아영샘의 유려한 진행 덕분에 웃음도 있고 선물을 나눠갖는 소소한 즐거움도 있었다. 따뜻하고 아늑한 북샵에서 친구와 가족들의 축하 속에 낭독을 할 땐 결국 책을 만들고야 말았다는 성취감을 느꼈다. 내 글을 낭독하는 순간엔 글에 메시지를 분명히 드러내고, 읽고 듣기에 매끄럽게 문장을 써야 한다는 반성도 했다. 그리고 이번 책을 만드는 과정으로 한 달 동안 개인 퇴고, 이후 한 달 간 서로 퇴고를 도와주는 식으로 진행했는데. 그 이후 편집하는 기간이 아홉 달을 넘겼다. 책 편집을 너무 질질 끌었다. 얼마나 표지나 내지 구성을 특별하고 잘 만들고 싶었는지 잘 기억은 나지 않으나, 나는 좀처럼 엉덩이를 의자에 붙이고 앉아서 편집 작업을 진행하지 않았다. 돌이켜보면, '편집 해야 하는데... 해야하는데...' 하는 생각만 하고 실제로 하지 않은 순간이 너무 지난했다. '어떠한 일을 미루지 않는 방법은 그 일을 미루지 않고 하는 것이다.'는 당연한 교훈을 하나 얻고 나는 그 교훈을 이행하기 위한 방법을 고민하게 되었다.

책 어린왕자에는 여우가 어린왕자에게 세레모니의 의미를 알려주는 대화가 나온다. 너가 목요일에 내게 온다면, 나는 화요일부터 가슴이 설레일거야. 라는 여우의 고백이 그러하다. 나는 꾸준히 쌓이는 글을 바라보면서, 책을 출판하고 출판을 세레모니하는 기념일을 설레이는 마음으로 맞이할 수 있을까? 벌써 설렘보다는 걱정이 한 두 발자국 앞서 있는 듯하지만, 그나마 다행인 것은 세레모니가 다가오고 있다는 그 때를 아는 작은 지혜는 얻었지 않았는가 위안을 삼는다. 책을 만들기에 충분할 만큼의 글이 또 다시 쌓였다. 24년 한 해엔 또 다시 각자의 글을 퇴고하고, 함께 퇴고를 돕고, 책의 맵시를 고민하는 작업이 예정되어 있다. 출판 세레모니를 준비하고 진행하는 일도 상상해 본다. 어떻게 준비하면 세상에 없었던 우글과 책의 탄생을 멋지게 축하하고 기념할 수 있을까? 어쩌다사춘기 글쓰기의 중간 마침표, 출판기념회를 상상하니 작게 설레어 온다.

위 사람은 Suggested of R/O Attention Deficit/Hyperactivity Disorder 로 명명합니다.

정신 병원에 다닌지 한 달이 훌쩍 지났다. 세 번째 방문이 되니, 이제 정신병원이라는 공간도 익숙해져서 아무렇지 않지만, 첫 날은 이 공간에 내가 잘 다닐 수 있을지 의문이 들 정도로 낯설었다. 접수원은 이곳 정신병원의 대기 시간이 매일같이 한 시간이 넘는다고 했다. 나는 그 사실이 살짝 끔찍하게 느껴졌고, 그냥 이대로 문 밖에 나갈까 싶은 충동도 들었다. 하지만 마음 굳게 먹고 방문한 첫 날부터 도망갈 수는 없으니, 한 시간이 넘도록 병원 로비를 가득 채운 사람들과 함께 진료를 기다렸다. 책 '백의 그림자'를 읽은 영향 때문이었을까. 책의 영향이 아니라면, '정신병원'이라는 이름에 붙어있는 나의 편견 때문이었을까? 대기실을 함께 쓰는 사람들의 그림자가 예고하지 않고 언제고 불쑥 불쑥 일어날 것만 같은 상상이 들었다. 건너 편에 앉은 학생, 옆 자리에 앉은 어르신이 갑자기 고성을 지르는 상상. 계속해서 사람을 맞이하는 접수처에 환자와 간호사가 언성을 높여 따지는 상상. 나는 그런 상황이 벌어지지는 않을까. 긴장한 마음을 애써 가라앉히려 책을 읽었다. 그러나 접수처에 또각 또각 걸어오는 누군가의 발걸음에 지속적으로 신경이 쏠렸다. 아마 내 그림자도 상상 속 그들의 그림자 못지 않게 일어 서 있었을 것이다. 그날의 내 그림자, 또는 스트레스 같은 것을 눈으로 볼 수 있었다면, 내 그림자는 얼마나 컸을지 가늠이 되지 않는다.

지금은 '정신 병원'이라는 명칭을 작은 병원 단위에서는 사용하지 않는 듯하다. '정신 병원'을 검색하면 적어도 시흥에서는 이 오래된 명칭 대신 'OO 정신 건강 의학과'로 한결 부드럽고 따뜻한 기분마저 드는 병원만이 검색된다. 그러나 내가 시골 출신이고, 한 다리 건너면 실제로 누구의 아빠고, 엄마고, 친구인 동네에서 정신 병원을 다니는 사람에 대한 이미지가 인간으로서 너무나 큰 결격사유처럼 여기는 것을 보아왔기 때문인지. 정신 병원이라는 이름이 뇌리에 강력하게 박혀있는 듯하다. 부드러운 '정신 건강 의학'이 매번 '정신 병원'으로 읽히니 말이다. 내가 정신 병원에 간 이유는 성인

ADHD를 상담받고 싶어서 였는데. 초진과 검사, 그리고 검사 결과를 들으러 간 날까지는 참 병원 입구에 들어가는 게 싫었다. 가능하면 피하고 싶은, 예약을 잡고 가기에 너무나 귀찮은 마음이 매번 들었다. 그러나 세 번째 방문 때 콘서타 처방을 받은 뒤부터는 웬걸 마음인 한결 홀가분해졌다. 심지어 다음 병원 약속을 잡는 것도 기분이 썩 나쁘지 않고, 되려 약을 타 먹어야 한다는 의무감마저 들었다. 아마도 그건 세 번째 방문 이후로 내가 정신 병원에 다니는 사람, Suggested of R/O Attention Deficit/Hyperactivity Disorder. 성인 ADHD를 판정받고 스스로 인정하게 되었기 때문이 아닌가 싶다. 속 편하게 생각하면 그 동안의 정리정돈 불가능, 잠 조절의 어려움, 애를 써도 가뿐하게 흩어지는 주의 집중력 등의 수많은 문제를 탓해버리기 좋은 건수가 생겼난 것이 아닌가.

 탓을 넘기니 속이 편하고, 해결방안도 명확해진 듯해서 마음이 편했다. 나는 성인 ADHD로 정신 병원에 가는 일을 친구들에게 속 편하게 말할 수 있었다. 친구와 만나서 갑자기 '아, 오늘은 정신 병원에 가는 날이다.'라고 말하면, 뜨헉하는 표정도 아무렇지 않았고 심각하게 걱정해 주는 친구도 되려 내가 위로를 해줘야 하나 싶은 생각까지 들었다. 조금 걱정이 되는 것은 엄마에게 정신병원을 다니는 사실을 알리는 일이다. 왜냐하면 내 고향 서산에 정신 병원이라는 명칭이 아직 쓰이는지 아니면 부드러운 정신 건강 의학으로 이름이 널리 사용되는지 확인이 안된다는 점이 있고. 그리고 내 초등학교 3학년 학생 기록부에 '다소 정신이 산만함.'이라는 문구를 보고 너무나 당황하고 분노하던 엄마의 그 떨림과 붉어진 얼굴이 지금도 생생하게 기억하기 때문이다. (실제로 이번에 엄마에게 3학년 학생기록부를 기억하냐라고 살짝 여쭤보았는데, 다소 정신이 산만함이라는 문구를 정확히 기억하고 계셨다.) 지금 떠올려보면, '다소 산만함'이라는 문구를 엄마와 같이 읽을 때, 엄마는 분노했지만 '나는 선생님이 내 머리 속을 어떻게 알았는지', '내 어떤 모습을 보고 정신이 산만한 걸 알았는지.'가 매우 궁금하고 살짝 무섭기도 했던 기억이 떠오른다. 3학년 담임선생님은 나의 정신 상태를 정확히 꿰뚫어 본 것이었는데. 그 당시 담임선생님도 말하지 못한 걸 내가 엄마에게 어떻게 설명할 수 있을까? 고민해본다.

성인 ADHD 진단과 상담 중에 나에 대한 이해가 높아져 가장 좋았던 내용은 '문제 상황에서 스스로 거리를 두고 통제하려 하나, 스트레스 상황에서 쉽게 정서적 어려움에 압도되는 취약성이 있을 것으로 추정됨.'이라는 문구였다. 문제가 터졌을 때 머리가 새하얗게 되는 경험, 병원 첫 날 대기실에서 책을 읽고 싶으나 또각또각이는 발걸음 소리에 정신이 멍해지는 그런 일들이 내겐 너무 답답하고 남들도 다 이런지 궁금한 지점이었는데. 나의 정서적 취약성이 명확해지니 좋았다. 머리를 하얗게 만들고, 얼굴을 붉게 칠하는 종류의 갑작스런 문제 상황을 약물의 도움으로 적응할 수 있다니! 이 얼마나 매력적인 일인가? 세 번째 정신병원 방문 이후로, 정신 병원의 문턱이 정신 건강 의원 문턱으로 바뀐 건 다 개선의 가능성이 피어났기 때문일 것이다. 책 '백의 그림자'에서 주인공 무재의 '노래 할까요?'라는 따뜻한 위로가 마치 정신 병원 의사 선생님의 '약 드실 건가요?'와 같았다고 하면 너무 큰 비약일까. 이제 로비에 바짝 곤두 선 그림자가 다 잠잠히 가라 앉은 듯 하다.

-

엄마의 그림자를 위한 첨언. 처방받은 ADHD 처방약 콘서타는 단계별로 18mg, 27mg, 36mg, 54mg가 있는데, 콘서타 18mg부터 순차적으로 단계가 올라간다고 한다. 나는 현재 콘서타 27mg 복용중으로 18단계부터 효과를 보았다. 처음엔 육체적으로 긍정적인 영향도 안느껴지고, 소화불량, 두통같은 부작용도 없기 때문에 플라시보 효과 때문인가 싶었지만, 플라시보 효과라기엔 차근차근 정리정돈하는 내 모습을 발견했다. 콘서타 17mg을 복용할 땐 식기 세척기 후에 주방에서 뚜껑과 본 품이 짝이 안 맞춰진 채 외롭게 뒹굴던 십여 개의 반찬 통을 모조리 정리하고, 찬장을 다 뒤집고 채워놓았고. 콘서타 27mg을 먹은 다음엔 2중 3중, 막무가내로 쌓여있던 책장을 정리했다. 책장 정리 작업은 한나절 넘게 진행했는데, 끝까지 포기하지 않고, 집중해서 정리 작업을 끝냈다는 사실에 혼자 박수를 치고 싶은 마음마저 들었다. 그리고 내 책장엔 책꽂이 앞에 너저분하게 쌓는 방법 외에는 더 이상 책을 꽂을 수 없는 상태라는 사실을 이제야 깨닫게 되었다.

삼킨 말과 아닌 말

 더 궁금한 내용은 없나요? 미루는 습관에 대해 생각한 게 있어요. 제가 무엇을 미루는 건 그 일이 하기 싫어서가 아니라, 그 일을 다 끝내면 의사 소통 해야하는 누군가가 있기 때문이 아닌가 싶다는 생각이요. 저는 일을 시작하기도 전에도 일이 끝난 후에 의사소통이 실패하는 상상을 먼저 할 때가 있어요. 그래서 나는 왜 누군가와 의사소통을 하는데 부담감을 느낄까, 일의 시작 이전에 그것을 떠올릴까 짚어 보았어요. 제가 좀 까탈스러운 사람이기 때문인가봐요.

 만만하지만 그래서 고마운 가족들을 예로 들면, 저는 집 안에서 주로 태클을 거는 사람이거든요. 핸드폰 요금은 알뜰 요금제를 써야한다고, 커피를 마시러 갈 땐 커피 이름을 길게 지은 카페를 가야한다고 한다든지, 제 고향은 시골이기 때문에 눈탱이가 너무 심해서 뭐 하나를 사더라도 꼼꼼히 배우고 따져야 한다고 주장했었죠. 어렸을 때는 나에 대해서 잘 모르니까. 스스로 가성비가 굉장히 중요한 사람이구나라고 막연히 생각했어요. 이 가성비를 근거로 가족들을 설득하려고 계속 시도했는데. 돌아보면 성공한 경험이 거의 없어요. 사실 저는 가성비가 중요한 사람이 아니라 어떤 선택에 떠오르는 질문이 많은 사람이었던 뿐이에요. 그런데 가성비를 근거로 말을 하려니 먹히지 않죠. 어떤 말을 하는 순간순간에 가족들로부터 종종 얘 또 이런다. 하는 부류의 감정을 곧잘 읽었던 기억이 떠올라요.

독립을 한 뒤로도 비슷했어요. 다른 게 있다면, 세상 사람들은 가족만큼 제 이야기를 들어주지 않기 때문에 그만큼 소통을 시도하지 않았어요. 제 생각을 전달하는 건 너무나 지난한 소통의 과정이 필요했는데, 문제는 제가 말을 설득력있게 하는 사람이 아니라는 거예요. 몇 번의 적극적인 소통의 결과로 고집이 너무 강한 사람같다 라는 이야기를 들은 적도 떠오르네요. 너무나도 큰 불명예처럼 느꼈고 충격을 받았죠. 그런 일 직후부터 인지 기억나지 않지만 언제부터인가 일을 하면서, 또는 대화하면서 적당히 긍정하고 대충대충 넘겨요. 한 귀로 듣고 다른 귀로 흘리듯이. 다들 그런가요? 다들 그러는지 궁금했어요. 머리 속에 떠오르는 질문들을 꿀떡

꿀떡 삼키면서 지내는지.

어떤 일을 미룬다는 건 그 일을 하지 않겠다는 말이다는 문장을 들은 적 있어요. 저는 그렇게 생각하지 않아요. 적어도 저한테 미룬다는 건 하지 않겠다는 강한 선언이 아니라, 그냥 까먹어버리는 회피였어요. 미루면 어떤 이유에서든 하기 싫은 그 일을, 해야만 하는 대화를 잠시동안 잊어버릴 수 있으니까요. '아 그 일 하기 싫다.'고 생각하면서 거의 동시에 까먹어 버리죠. 제게 무언가를 미룬다는 건 동시에 까먹어버린다는 말과 같아요. 까먹지 않고, 그래서 미루지 않기 위한 방법을 고민했어요. 조금 전에 말한 의사소통에 시도와 성공률을 높이는 게 가장 중요할 거 같아요. 어떻게 생각하시나요?

선생님께 이 이야기를 하는 이유는 사실 저는 코딱지만한 일 하나에도 질문이 너무 많은 사람인데. 더 이상 삼킬 수 없는 마지막 질문을 이미 삼켜버린 것 같다는 생각이 들어서예요. 꿀떡같은 질문이 떠오르면 즉시 삼키고 까먹어 버리고, 배는 계속 부르고, 이제는 더 이상 삼킬 수 없고. 삼키지 않고 예쁘게 뱉는 연습을 하려고 해요. 제가 정리한 생각, 궁금한 건 이 게 다에요. 혼자 하는 게 버겁다면 전문 상담가의 도움을 받아보는 방법도 있어요. 사실 지난 번에 상담할 때 그 선생님도 꿀떡꿀떡 말을 먹는 걸 봤어요. 연습해보다가 못하겠다 싶으면 말씀드릴게요.

작가노트
한옥구

 작년의 글을 고치면서 과거의 시간, 사건을 생생하게 다시 겪는 경험을 했다. 시간이 빨리 지나간 것 같기도 하고, 엊그제 같기도 한 요상한 기분이 들었다.
 별 생각을 다했구나 싶다가도, 내가 쓴 글 외에 기억에 남는 일이 떠오르지 않아서 막막한 마음이 들었다. 지나간 일을 잘 기억하는 게 중요할까 싶지만, 기억할 만한 일을 많이 갖는 건 좋은 일이겠지. 더 많이 써야겠다.

23년도 함께 읽고 나눈 책

고미숙, 『몸과 인문학』, 북드라망(2013)
캐럴 피어슨, 『나는 나』, 연금술사(2020)
사사키 아타루 『잘라라 기도하는 그 손을』, 자음과모음(2012)
사무엘 베케트, 『고도를 기다리며』. 민음사(2000)
류시화, 『인생 우화』, 연금술사(2018)
고병권, 『철학자와 하녀』, 메디치미디어(2014)
요시노 겐자부로, 『그대들 어떻게 살 것인가』, 양철북(2012)
김소연, 『마음사전』, 마음산책(2008)
프랑크 베르츠 바흐, 『무엇이 삶을 예술로 만드는가』, 불광출판사(2016)
장석주, 『단순한 것이 아름답다』, 문학세계사(2016)
박완서, 『세상에 예쁜 것』, 마음산책(2012)
황정은, 『백의 그림자』, 창비(2022)
룰루 밀러, 『물고기는 존재하지 않는다』, 곰출판(2021)
이반 일리치, 『누가 나를 쓸모없게 만드는가』, 느린걸음(2014)

발행일

2024년 12월 22일 초판 1쇄

지은이 : 백록담, 이아영, 차희주, 최예은, 태하정, 한옥구

펴낸곳 : 공공

출판등록 : 2019. 10. 31. 제2019-000024호

ISBN : 979-11- 968615-1-3 (03810)

홈페이지 : www.instagram.com/@suddenly_springday

마음의 민낯 06